느린학습자를 위한
쉽고 빠른 한글

지은이 백문희

초등교사로 26년간 재직하며 그중 12년을 1학년 아이들과 함께했다. 2019년부터 본격적으로 한글 미해득 아이들을 위한 교수법을 공부하며 난독증, 경계성 학습장애, 다문화가정 아이들을 대상으로 한글을 가르쳤다. 글자와 소리를 익히는 데 그치지 않고 문장을 읽고 쓰는 데까지 나아갈 수 있어야 한다고 믿기에 그림책과 교과서를 적극 활용하여 읽고 쓰는 즐거움을 알게 해 주려 노력한다. 2020년부터 한글 미해득자 지도교사 대상 연수를 진행해 오고 있으며, 2023년에는 기초학력지원단 초기문해력 지원팀에서 개발한 〈우리아이그림책〉 제작 및 한국교육과정평가원에서 초등학교 대상 학업성취도 자율평가 성취수준을 설정하는 교과연수에 참여했다. 2025년 울산광역시 교육과정위원회 초등 위원이며 현재 울산 백양초등학교에서 아이들을 가르치고 있다.

그린이 김태형

책과 아이들을 좋아하는 아내의 권유로 그림책 작가를 꿈꾸게 되었다. 일상에서 만나는 작은 사물과 자연 속의 동식물에서 느끼는 따뜻함을 그림 속에 담아 내려 노력한다. 어린이들이 놀이와 휴식 같은 편안한 기분으로 재미있게 한글을 배워 나가기를 바란다.

ⓒ 백문희, 김태형

2025년 3월 10일 초판 1쇄

펴낸이 이찬승
펴낸곳 교육을바꾸는책

편집 마케팅 장현주
디자인 정인호

출판등록 2012년 4월 10일 | 제313-2012-114호
주소 서울시 마포구 양화로 7길 76, 평화빌딩 3층
전화 02-320-3600(경영) 02-320-3604(편집)
팩스 02-320-3611

홈페이지 http://21erick.org
이메일 gyobasa@21erick.org
유튜브 youtube.com/user/gyobasa
포스트 post.naver.com/gyobasa_book
트위터 twitter.com/GyobasaNPO
인스타그램 instagram.com/gyobasa

ISBN 978-89-97724-32-1 (63710)

자모 해득에서 문장 읽고 쓰기까지,
학습과학 기반 설계로 쉽고 빠르게 익힌다

느린학습자를 위한

쉽고 빠른 한글

·1·
기본읽기편

백문희 글, 김태형 그림

● 2022개정 초등 1~2학년 교과서 어휘 중심 구성 ●
● 다년간의 한글 미해득자 지도로 효과가 입증된 교수법 ●
● 교수학습 과정안 및 낱말카드 수록 ●

교육을바꾸는사람들

저자 서문

2019년 1학년 담임교사로 아이들을 만났습니다. 자음과 모음을 모르는 한글 미해득 학생 두 명이 있었습니다. 그중 한 명은 1학기가 끝날 무렵 서툴게나마 한글을 천천히 읽어 나갔지만 또다른 한 명은 그러지 못했습니다. 그 아이는 다문화가정의 학생 '희망이(가명)'였습니다. 2학기를 시작하면서 저는 틈날 때마다 희망이에게 자음과 모음을 가르치고 그림책을 읽어 주며 여러 가지 방법으로 한글 읽기를 지도했습니다. 하지만 희망이는 1학년을 마칠 때까지도 한글을 읽지 못했습니다. 아이에게 너무나 미안했고 교사로서 참담함을 느꼈습니다.

그다음 해인 2020년 저는 현장 연구를 맡게 되었습니다. 이때 '한글 미해득 학생 한글 읽기 지도 방안 모색'이란 주제를 선정했고, 한글을 익히지 못한 채 2학년이 된 희망이를 직접 가르치기로 마음먹었습니다. 이렇게 해서 5월부터 11월까지 월, 수, 금요일 아침마다 1대 1로 65회기 동안 희망이에게 한글을 가르치게 되었습니다.

앞이 보이지 않는 험난한 과정이었습니다. 희망이가 한글을 조금이라도 읽으면 희망이 차올랐고, 기대했던 반응이 없으면 절망을 경험했습니다. 희망과 절망 사이에서 희망이는 천천히 아주 조금씩 한글을 배워 나갔습니다. 수업을 시작한 첫날 희망이는 한글을 전혀 읽지 못하는 수준이었습니다. 그런데 7월 15일 중간 점검을 했을 때에는 받침 없는 몇몇 글자를 읽을 수 있는 정도가 되었고, 10월 29일에는 받침이 있는 일부 글자만 읽지 못하는 '보충이 필요한 한글 해득' 상태까지 나아갔습니다. 그리고 11월 27일 진단평가에서는 마침내 한글을 완전히 읽을 수 있는 아이로 판정을 받았습니다.

11월 27일 평가 결과를 받아들고 집으로 돌아와 한글 지도 일지를 쓰는데 갑자기 눈물이 왈칵 쏟아졌습니다. 누가 가르치라고 한 것도, 알아주는 것도 아니지만, 열심히 가르친 보람의 열매를 맺은 것에 대한 기쁨의 눈물이었습니다. 희망이는 몸이 아팠을 때를 빼면 아침 수업을 거르지 않고 열심히 따라와 주었습니다. 희망이의 성실한 태도에 고마움을 느꼈고, 교사를 신뢰하고 협조해 준 희망이 부모님께도 무척 감사했습니다.

한글은 자음과 모음 글자가 '의미'가 아닌 '소리'를 나타내는 표음문자입니다. 예전에 제가 지도했던 방식은 의미 중심 접근 방법이었습니다. 즉 낱말이나 문장을 읽고 쓰면서 글자와 낱자를 분석적으로 접근해 한글을 익히는 방법입니다. 그러다 2020년에 희망이를 지도하면서부터는 여기에 발음 중심 접근 방법을 더해 변화를 주었습니다. 발음 중심 접근 방법은 한글을 낱자부터 소리로 익혀 글자와 낱말, 문장으로 확대해 나가는 방법입니다. 느린학습자인 희망이의 특성을 감안해 두 가지 접근 방법의 장점을 최대한 적용하려고 애썼습니다.

『쉽고 빠른 한글』은 먼저 한글의 기본 모음을 두 글자씩 배울 수 있게 구성했습니다. 모음의 모양과 소리를 배우고, 모음을 따라 쓰며 익힙니다. 그런 다음 모음 글자, 모음 낱말, 모음 문장에서 모음을 눈과 소리로 익히며 반복적으로 연습합니다. 이것은 글자, 낱말뿐만 아니라 문장에서 모음의 실질적인 쓰임을 깨닫게 하려는 것입니다. 희망이는 처음 두 개의 모음을 한꺼번에 익히는 것을 어려워했습니다. 그러나 낱말 속에서 두 모음이 각각 어떤 소리를 내는지 반복적으로 연습하면서 어느덧 자신감을 갖고 더듬거리며 낱말을 읽어 나갔습니다.

한글의 자음은 한 글자씩 배울 수 있게 구성했습니다. 자음의 모양과 소리를 배우고, 훈민정음 제자원리에 따른 순서로 배워 나갑니다. 자음+모음 글자 지도는 '가'를 배울 때 'ㄱ'의 소리 [그]에 모음 'ㅏ'를 더해서 '그+아, 그아, 가'로 소리합성 지도를 합니다. 자음은 모음과 결합되는 모양(옆으로/아래로)에 따라 모음 소리와 연결해 지도합니다. 이 방식은 자음 글자의 모양을 낱말 속에서 파악하기에 효과적입니다. 그런 다음 자음과 모음이 합쳐진 글자와 낱말을 익히고, 그림책을 읽듯이 그림을 보면서 배운 낱말이 들어간 문장을 따라 읽습니다.

받침 글자는 일상생활에서 가장 많이 쓰이는 7개의 받침을 먼저 익히게 합니다. 받침 글자는 한 글자씩 배울 수 있게 했으며, 받침 글자 지도는 '앙'을 배울 때 자음+모음 글자 '아'에 'ㅇ'의 받침소리 [응]을 더해서 '아+응, 아응, 앙'으로 소리를 익히도록 지도합니다. 공통으로 들어가는 한 글자 받침 낱말을 배우고, 받침 낱말, 받침 문장에서 받침 글자를 반복적으로 배울 수 있게 했습니다. 이것은 받침 글자, 받침 글자가 들어간 낱말뿐만 아니라 문장 속에서 받침 글자의 실제적인 쓰임을 알게 하는 것입니다. 받침 글자를 어려워하는 학생들에게는 천천히 시간을 갖고 반복 지도하면 좋습니다.

이 책은 모음에서 시작하여 자음, 자음+모음, 받침 글자로 한글을 익히게 구성되었습니다. 글자의 소리를 익히는 데 그치지 않고 글자가 쓰인 낱말과 문장을 주어 실질적인 읽기를 시도합니다. 희망이를 가르칠 때 글자 읽기를 어려워하면서도 그림과 함께 문장을 따라 읽으며 즐거워했던 기억이 납니다. 이 책은 따뜻하고 안정적인 그림과 문장을 함께 제시하여 교사와 학생이 함께 읽고 즐겁게 한글을 배울 수 있게 했습니다.

처음 한글 읽기를 지도할 때 '한글을 읽지도 못하는데 문장 쓰기라고? 이렇게 지도하는 게 과연 효과가 있을까?'라는 의문을 가졌습니다. 그런데 한 문장 쓰기는 생각보다 큰 효과가 있었습니다. 문장을 쓰기 위해 대화를 나누며 희망이의 관심을 더 잘 알게 되었고 희망이는 선생님의 관심을 무척 좋아했습니다. 자신이 말로 표현한 문장을 쓰기 위해 자발적으로 노력했고 그렇게 써 낸 문장을 자랑스러워했습니다. 한 문장 쓰기는 희망이의 읽기를 촉진하고 쓰기 능력을 길러 주었을 뿐만 아니라 교사와의 친밀감도 높여 준 좋은 방법이었습니다. 시간이 부족하지 않다면 글자를 배우는 중간중간 배운 것을 점검하면서 한 문장 쓰기를 꼭 시도해 보기 바랍니다.

처음 배우는 한글은 혼자 배우기 어렵습니다. 부모, 교사, 협력자가 함께 대화하고 소통하며 한글 지도를 도와주어야 가능합니다. 『쉽고 빠른 한글』은 한글을 처음 배우는 아이, 난독증 학생, 다문화가정 학생, 학습 경계에 있는 학생, 외국인, 한글을 배우고 싶은 어른 등 모두가 쉽고 빠르게 한글을 배울 수 있는 교재입니다. 저는 26년간 초등교사로 일하면서 그중 절반 가까운 시간을 1학년 담임교사로 보냈습니다. 그리고 저학년 단계에서 한글을 잘 가르쳐야 할 필요성을 점점 더 절실히 느낍니다. 1~2학년 아이들이 한글을 잘 읽기까지는 보통 6개월~1년의 과정이 필요합니다. 한글이 배우기 쉬운 글자라고는 하나 유창하게 읽는 것은 하루아침에 쉽게 되지 않습니다. 매일 꾸준히 성실하게,

인내심을 가지고 가르쳐야 합니다. 이 일은 혼자 하기 어렵습니다. 부모, 교사, 협력자가 함께 도와주어야 가능합니다.

저의 지도 방법이 한글을 가르치는 정답은 아닙니다. 더 좋은 방법이 얼마든지 있을 수 있습니다. 다만 혹시 느린학습자를 대상으로 한글을 가르치는 데 어려움을 느끼는 선생님께서는 제가 시도했던 방법처럼, 발음 중심 지도와 의미 중심 지도를 결합하고 문장 읽기와 한 문장 쓰기를 시도해 보시기 바랍니다. 이 책과 제가 소개하는 지도 방법이 한글을 가르칠 때 어려움을 겪는 모든 선생님들께 도움이 되었으면 합니다.

학생은 읽기, 쓰기를 배워야 배움의 길이 열립니다. 그 학년 보통 학생들만큼 읽고 쓸 수 있어야 배움에서 소외되지 않고, 주눅 들지 않으며, 학교라는 공간에서 원만히 생활할 수 있습니다. 한글 학교에 다니는 51명의 충청도 할머니들이 손글씨로 쓴 요리법 책『요리는 감이여』에서 김옥례 할머니는 "글을 알게 되니 어두웠던 세상이 밝아진 것 같다. 눈도 마음도 머리도 환해진다."라고 말했습니다. 이 말씀이 가슴에 깊이 와 닿았습니다. 모든 사람들이 한글을 잘 읽게 되어 눈도 마음도 머리도 환해지기를 간절히 바랍니다.

백문희

학습과학 기반 설계로
쉽고 빠르게 익히는 한 글

감각을 활용해 글자 모양 익히기

시각, 청각, 운동감각을 활용해
글자의 모양을 효과적으로 기억합니다.

❶ 번호 순서에 따라 손가락으로 따라 씁니다.
❷ 팔 전체를 이용해 글자 모양을 크게 따라 씁니다.
❸ 글자의 모양을 몸으로 표현해 봅니다.
❹ 소리 내어 읽으며 커다란 글씨를 따라 씁니다.
❺ 소리 내어 읽으며 흐린 선을 따라 씁니다.

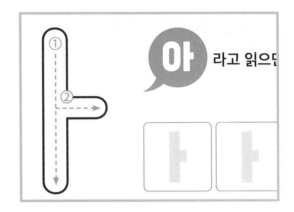

새로운 내용을 사전지식과 연결하기

이미지와 소리를 활용하여 새로 배운 내용과
머릿속 사전지식을 연결합니다.

❶ 그림을 보며 어떤 낱말인지 떠올립니다.
❷ 낱말을 소리 내어 따라 읽습니다.
❸ 빈 부분에 글자를 써 넣습니다.
❹ 낱말을 완성한 다음 세 번 이상 소리 내어 읽어 봅니다.
❺ 어려워하는 낱말은 교사가 읽어 주며 따라 읽도록 하고,
　 스스로 읽을 수 있는 낱말은 혼자 읽도록 격려합니다.

맥락과 관련지어 기억 돕기

배우고 익힌 낱말을 문장 속에서 확인합니다.
문장을 따라 읽으며 낱말의 뜻과 쓰임을 익힙니다.

❶ 그림을 보며 어떤 내용인지 이야기합니다.
❷ 큰 글씨로 된 낱말 중 혼자 읽을 수 있는 낱말은 스스로 읽도록
　 격려하고, 어려워하는 낱말은 교사가 읽어 줍니다.
❸ 낱말이 들어간 문장을 소리 내어 읽어 줍니다.
　 교사가 먼저 읽고 학생이 따라 읽은 다음,
　 학생이 스스로 읽어 보게 합니다.

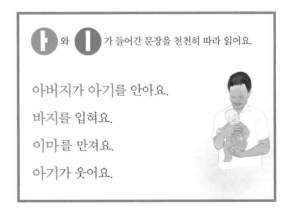

생활 속 단어로 연결하기

실제 생활 속에서 글자의 뜻과 쓰임을
적용해 보는 활동입니다.

❶ 그림을 보며 이름을 말해 봅니다.
❷ 낱말 속에서 글자를 찾고 소리 내어 읽어 봅니다.
❸ 낱말을 여러 번 반복해서 읽습니다.
❹ 그림 아래 빈 칸에 글자를 써 넣고 소리 내어 읽어 봅니다.

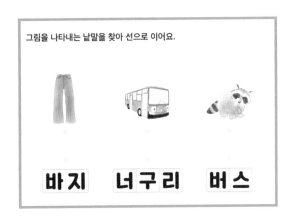

기억을 돕는 복습 활동

앞에서 배운 내용을 반복 실행하여 기억을 떠올리고
피드백으로 강화합니다.

❶ 낱말(글자의 모양)과 그림(의미)을 연결합니다.
❷ 낱말을 소리 내어 읽습니다.
❸ 어려워하는 낱말은 피드백으로 보충합니다.

관계 구축과 자신감을 높이는 쓰기

읽기와 쓰기에 자신감을 갖게 하고
대화를 통해 친밀감을 기릅니다.

❶ 낱말을 넣어 문장을 만들고 말해 보게 합니다.
❷ 학생이 말한 문장을 칠판이나 종이에 교사가 써 주고,
　 빈 칸에 따라 쓰게 합니다.
❸ 어려워하는 낱말은 피드백으로 보충합니다.

차례

• **낱말카드**

모음을 배워요

모음은 엄마 글자예요.
엄마 글자 모음은
혼자 소리를 낼 수 있어요.

교수학습 과정안

* 본 교수학습 과정안은 모음 부분 첫 번째 차시(교재 1일차)에 해당하는 예시입니다.
* 교수학습 상황과 학생에 따라 지도교사가 적절히 변형하여 사용할 수 있습니다.
* '되돌아보며 기억 쏙쏙' 및 '재미있게 읽고 써요_모음'과 낱말카드는 복습 및 가정학습용으로 활용하면 좋습니다.

학습주제		모음 'ㅏ'와 'ㅣ' 익히기	차시	1/1	지도 대상	1학년 ○반
학습목표		모음 'ㅏ'와 'ㅣ'를 알 수 있다.	시간	40분		○○○
교수학습 자료		노래파일 〈원숭이〉 (최승호, 방시혁 지음)				

학습 단계	학습 과정	교수학습 활동	시간 (분)	자료(㉝) 및 유의점(㊌)

도입	동기
	유발
		〈원숭이〉 노래 부르기
		• 〈원숭이〉 노래를 함께 불러 볼까요?
		  - 〈원숭이〉 노래를 부른다.
		• 노래 속 원숭이가 어떤 소리를 지르나요?
		  - '아야아야 어여오요 우유으이'입니다.
			5	㉝ 〈원숭이〉
				노래 파일

	학습 문제	모음 'ㅏ'와 'ㅣ'를 알아봅시다.		
	학습 활동	〈활동 1〉 모음 'ㅏ' 익히기 〈활동 2〉 모음 'ㅣ' 익히기 〈활동 3〉 모음 'ㅏ'와 'ㅣ'를 낱말과 문장에서 찾아 읽기 〈활동 4〉 모음 'ㅏ'와 'ㅣ'가 들어간 낱말 찾아보기		

전개	학습
	전개
	1
		〈활동 1〉 모음 'ㅏ' 익히기
		○ 모음 'ㅏ' 소리와 모양 알기
		• 모음 'ㅏ'를 [아]라고 읽어요. [아]라고 읽어 볼까요?
		  - [아]
		• 모음 'ㅏ'를 몸으로 배워 볼까요?
		  - 'ㅏ'를 몸으로 표현한다.
		○ 모음 'ㅏ'의 쓰는 순서 알고 써 보기
		• 모음 'ㅏ'의 쓰는 순서를 알아볼까요?
		
		  - 'ㅏ'를 손가락으로 따라 쓴다.
		  - 'ㅏ'를 팔 전체를 이용해 크게 따라 쓴다.
		• 모음 'ㅏ'를 [아]라고 읽으면서 써 볼까요?
		  - 교재의 해당 칸에 [아]라고 읽으면서 'ㅏ'를 여러 번 쓴다.
			10	㊌ 'ㅏ'의
				쓰는 순서를
				칠판에
				제시한다.
				
				㊌ 손가락,
				팔 전체,
				몸으로
				움직이고
				나서 'ㅏ'를
				쓰게 한다.

		○ '아기'에서 모음 'ㅏ' 찾고 쓰기
		• 첫 번째 그림을 나타내는 낱말을 따라 읽어 볼까요?
		  - '아기'를 3번 따라 읽는다.
		• '아기'에서 모음 'ㅏ'를 색연필로 ○표 해 보세요.
		  - '아기'에서 'ㅏ'를 찾아 ○표 한다.
		• '아기'에서 모음 'ㅏ'를 써 보세요.
		  - '아기'에서 'ㅏ'를 순서대로 쓴다.
		○ 주어진 낱말에서 모음 'ㅏ' 찾고 쓰기
		• 모음 'ㅏ'가 들어간 낱말을 따라 읽어 볼까요?
		  - '아버지, 바지, 다리, 이마, 치마'를 3번 따라 읽는다.
		• 모음 'ㅏ'를 색연필로 ○표 해 보세요.
		  - '아버지, 바지, 다리, 이마, 치마'에서 'ㅏ'를 찾아 ○표 한다.
		• 모음 'ㅏ'를 써 보세요.
		  - '아버지, 바지, 다리, 이마, 치마'에서 'ㅏ'를 쓴다.
		○ 주어진 낱말을 스스로 읽기
		  - '아기, 아버지, 바지, 다리, 이마, 치마'를 스스로 읽어 본다.
				㈜ 어려워 하는 낱말은 표시해 두고, 선생님을 따라 읽게 한다.

학습
전개
2
		〈활동 2〉 모음 'ㅣ' 익히기
		○ 모음 'ㅣ' 소리와 모양 알기
		• 모음 'ㅣ'를 [이]라고 읽어요. [이]라고 읽어 볼까요?
		  - [이]
		• 모음 'ㅣ'를 몸으로 배워 볼까요?
		  - 'ㅣ'를 몸으로 표현한다.
		○ 모음 'ㅣ'의 쓰는 순서 알고 써 보기
		• 모음 'ㅣ'의 쓰는 순서를 알아볼까요?
		
		  - 'ㅣ'를 손가락으로 따라 쓴다.
		  - 'ㅣ'를 팔 전체를 이용해 크게 따라 쓴다.
		• 모음 'ㅣ'를 [이]라고 읽으면서 써 볼까요?
		  - 교재의 해당 칸에 [이]라고 읽으면서 'ㅣ'를 여러 번 쓴다.
		○ '아기'에서 모음 'ㅣ' 찾고 쓰기
		• 첫 번째 그림을 나타내는 낱말을 따라 읽어 볼까요?
		  - '아기'를 3번 따라 읽는다.
		• '아기'에서 모음 'ㅣ'를 색연필로 ○표 해 보세요.
		  - '아기'에서 'ㅣ'를 찾아 ○표 한다.
		• '아기'에서 모음 'ㅣ'를 써 보세요.
		  - '아기'에서 'ㅣ'를 순서대로 쓴다.
			10	㈜ 'ㅣ'의 쓰는 순서를 칠판에 제시한다.
				
				㈜ 손가락, 팔 전체, 몸으로 움직이고 나서 'ㅣ'를 쓰게 한다.
				
				㈜ 스스로 읽을 수 있다면 따라 읽지 않고 스스로 3번 읽게 한다.

13

		○ 주어진 낱말에서 모음 'ㅣ' 찾고 쓰기		㈜ 어려워
		• 모음 'ㅣ'가 들어간 낱말을 따라 읽어 볼까요?		하는 낱말은
		- '아버지, 바지, 다리, 이마, 치마'를 3번 따라 읽는다.		표시해 두고,
		• 모음 'ㅣ'를 색연필로 ○표 해 보세요.		선생님을
		- '아버지, 바지, 다리, 이마, 치마'에서 'ㅣ'를 찾아 ○표 한다.		따라 읽게
		• 모음 'ㅣ'를 써 보세요.		한다.
		- '아버지, 바지, 다리, 이마, 치마'에서 'ㅣ'를 쓴다.		
		○ 주어진 낱말을 스스로 읽기		
		- '아기, 아버지, 바지, 다리, 이마, 치마'를 스스로 읽어 본다.		
학습 전개 3		〈활동 3〉 모음 'ㅏ'와 'ㅣ'를 낱말과 문장에서 찾아 읽기	5	
		○ 모음 'ㅏ'와 'ㅣ'를 낱말에서 찾아 읽기		
		• 낱말에서 모음 'ㅏ'와 'ㅣ'를 찾아 ○표 해 보세요.		
		- 낱말에서 모음 'ㅏ'와 'ㅣ'를 찾아 ○표 한다.		
		• 모음 'ㅏ'와 'ㅣ'가 들어간 낱말을 읽어 볼까요?		
		- 교사와 번갈아 가며 낱말을 3번씩 읽는다.		
		※ 친구와 짝지어 번갈아 3번씩 읽어도 좋다.		
		• 모음 'ㅏ'와 'ㅣ'가 들어간 낱말을 읽으며 써 볼까요?		
		- 스스로 소리 내어 읽으며 낱말을 써 본다.		
		○ 모음 'ㅏ'와 'ㅣ'를 문장에서 찾아 읽기		
		• 문장에서 모음 'ㅏ'와 'ㅣ'가 쓰인 낱말을 소리내어 읽어 보아요.		
		- '아버지', '아기', '바지', '이마', '아기'		
		※ 색깔로 된 낱말 중 스스로 읽을 수 있는 것에 교사가 ○표 한다.		
		※ 색깔로 된 낱말이 아닌 경우(예: 안아요) 스스로 읽은 글자가 있다면 ○표 한다.		
		〈예시〉		
		• 그림을 보면서 문장을 따라 읽고, 스스로 읽어 보세요.		
		- '아버지가 아기를 안아요.'를 교사를 따라서 한 번, 스스로 한 번 읽는다.		
		- '바지를 입혀요.'를 교사를 따라서 한 번, 스스로 한 번 읽는다.		
		- '이마를 만져요.'를 교사를 따라서 한 번, 스스로 한 번 읽는다.		
		- '아기가 웃어요.'를 교사를 따라서 한 번, 스스로 한 번 읽는다.		

	학습 전개 4	〈활동 4〉 모음 'ㅏ'와 'ㅣ'를 찾아보기 • 그림 속에 여러 동물들이 있어요. 어떤 동물이 있는지 말해 볼까요? 　- 하마, 코끼리, 치타, 기린, 사자 • 동물 이름에서 모음 'ㅏ'와 'ㅣ'를 찾아 ○표 해 볼까요? 　- 교사가 '하마'를 읽어 준다. 학생은 'ㅏ'에 ○표 한다. 　- 교사가 '코끼리'를 읽어 준다. 학생은 'ㅣ'에 ○표 한다. 　- 교사가 '치타'를 읽어 준다. 학생은 'ㅣ'와 'ㅏ'에 ○표 한다. 　- 교사가 '기린'을 읽어 준다. 학생은 'ㅣ'에 ○표 한다. 　- 교사가 '사자'를 읽어 준다. 학생은 'ㅏ'에 ○표 한다. • 모음 'ㅏ'와 'ㅣ'를 써서 동물 이름을 완성해 보아요. 　- '하마, 치카, 사자, 코끼리, 기린'에서 'ㅏ'와 'ㅣ'를 쓴다. • 동물 이름을 소리 내어 읽어 보아요. 　- '하마, 치타, 사자, 코끼리, 기린'을 3번 읽는다. 　※ 어려워하는 동물 이름은 표시해 두고 낱말 카드를 이용해 연습한다.	5	㉴ 학생들은 저마다 공부 하는 속도가 다르므로 적절히 속도를 조절한다.
정리	정리 활동	'ㅏ'와 'ㅣ'가 들어간 낱말 말하기 • 'ㅏ'가 들어간 낱말을 말해 볼까요? 　- '아기', '아버지', '사자' 등 'ㅏ'가 들어간 낱말을 말한다. • 'ㅣ'가 들어간 낱말을 말해볼까요? 　- '아기', '아버지', '치마' 등 'ㅣ'가 들어간 낱말을 말한다. 　※ 배운 낱말 외에 'ㅏ'나 'ㅣ'가 들어간 낱말을 말할 경우 칠판에 써 보이고 　　'ㅏ'와 'ㅣ'에 ○표 한다. 노래를 부르며 마무리하기 〈원숭이〉 노래를 부르며 마무리한다.	5	

※평가계획

성취기준		모음 'ㅏ'와 'ㅣ'를 찾고 정확하게 읽을 수 있는가?
평가방법		관찰평가
성취 수준	상	모음 'ㅏ'와 'ㅣ' 모두를 낱말 속에서 찾고 정확한 소리로 읽을 수 있다.
	중	모음 'ㅏ'와 'ㅣ' 중 하나를 낱말 속에서 찾고 정확한 소리로 읽을 수 있다.
	하	모음 'ㅏ'와 'ㅣ' 모두를 낱말 속에서 찾거나 정확한 소리로 읽지 못한다.

아 라고 읽으면서 따라 써요.

ㅏ 를 써서 낱말을 완성하고 큰 소리로 따라 읽어요.

아기

아버지

바지

다리

이마

치마

이 라고 읽으면서 따라 써요.

ㅣ 를 써서 낱말을 완성하고 큰 소리로 따라 읽어요.

아기

아버지

바지

다리

이마

치마

와 를 써서 낱말을 완성해요.

 아기

 아버지

 바지

 이마

 다리

 치마

 와 가 들어간 문장을 천천히 따라 읽어요.

아버지가 아기를 안아요.

바지를 입혀요.

이마를 만져요.

아기가 웃어요.

18

와 가 들어간 낱말을 그림 속에서 찾아 읽고 써요.

| 하 | 마 | 코 | 끼 | 리 | 치 | 타 |

| 사 | 자 | 기 | 린 |

어 라고 읽으면서 따라 써요.

ㅓ 를 써서 낱말을 완성하고 큰 소리로 따라 읽어요.

어부　두더지　너구리

머리　허리　어머니

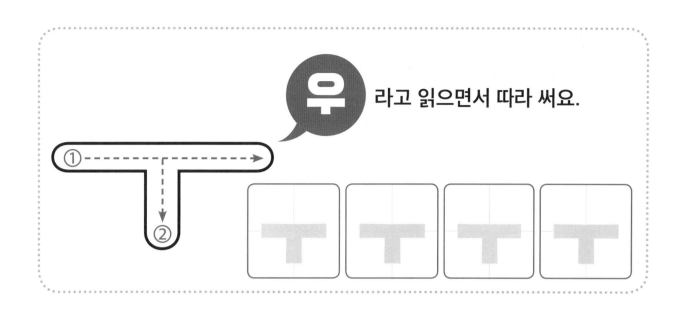

우 라고 읽으면서 따라 써요.

ㅜ 를 써서 낱말을 완성하고 큰 소리로 따라 읽어요.

어부   두더지   너구리

두부   우유   바구니

와 를 써서 낱말을 완성해요.

  어부

  두더지

너구리

두부

 어머니

우유

 와 가 들어간 문장을 천천히 따라 읽어요.

어머니가 장을 보아요.
커다란 바구니에
우유와 두부를 담아요.

22

와 가 들어간 낱말을 그림 속에서 찾아 읽고 써요.

버스

너구리

두더지

주머니

구두

바구니

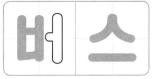

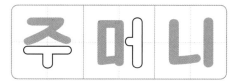

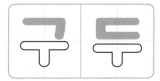

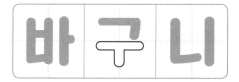

오 라고 읽으면서 따라 써요.

ㅗ 를 써서 낱말을 완성하고 큰 소리로 따라 읽어요.

24

라고 읽으면서 따라 써요.

 를 써서 낱말을 완성하고 큰 소리로 따라 읽어요.

그네

버스

트리

보트

코스모스

포크

와 를 써서 낱말을 완성해요.

 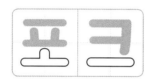    

 와 가 들어간 문장을 천천히 따라 읽어요.

코스모스 길을 걸어요.
강가에 보트가 있어요.
오리도 있어요.

26

와 가 들어간 낱말을 그림 속에서 찾아 읽고 써요.

크리스마스 트리

피아노

오리

포크

모자

그림을 나타내는 낱말을 찾아 선으로 이어요.

다음 문장을 천천히 따라 읽어요.

우리 가족이에요.

아버지는 아기를 안고 있어요.

어머니는 치마를 입었어요.

오빠는 모자를 썼어요.

나는 우유를 좋아해요.

<보기>에 있는 낱말이 들어간 문장을 만들어 써요.

〈보기〉 버스 그네 오이 아기 어머니 두부

예) 버스를 타고 가요.

야 라고 읽으면서 따라 써요.

ㅑ 를 써서 낱말을 완성하고 큰 소리로 따라 읽어요.

야구

야호

이야기

야채

야자수

요 라고 읽으면서 따라 써요.

ㅛ 를 써서 낱말을 완성하고 큰 소리로 따라 읽어요.

요리

요요

교사

요구르트

효도

 와 ㅛ 를 써서 낱말을 완성해요.

야구

야호

야채

요리

요요

교사

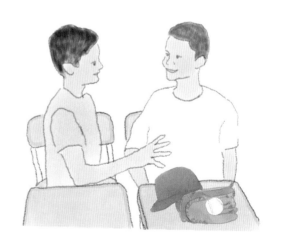

ㅑ 와 ㅛ 가 들어간 문장을 천천히 따라 읽어요.

오늘은 토요일이에요.

학교에서 야구를 했어요.

교실에서 이야기를 나누어요.

32

와 가 들어간 낱말을 그림 속에서 찾아 읽고 써요.

학교
교실
야구
교사
요요
이야기

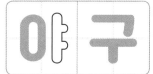

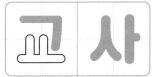

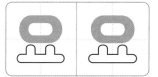

여 라고 읽으면서 따라 써요.

ㅕ 를 써서 낱말을 완성하고 큰 소리로 따라 읽어요.

여자

여우

벼

혀

소녀

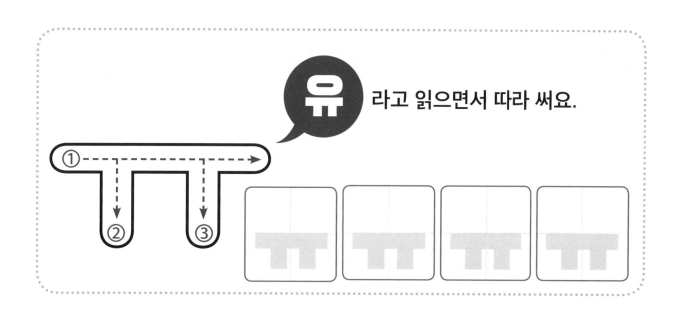

유 라고 읽으면서 따라 써요.

ㅠ 를 써서 낱말을 완성하고 큰 소리로 따라 읽어요.

우유

유리

휴지

유아

유튜브

와 를 써서 낱말을 완성해요.

 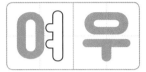

 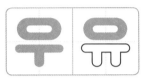

 와 가 들어간 문장을 천천히 따라 읽어요.

유리병에 우유가 있어요.
소녀가 우유를 마셔요.
입가를 휴지로 닦아요.

36

와 가 들어간 낱말을 그림 속에서 찾아 읽고 써요.

여름

소녀   우유

여자

유아차

휴지

| 여 | 름 | | 여 | 자 | | 소 | 녀 |

| 우 | 유 | | 휴 | 지 | | 유 | 아 | 차 |

그림을 나타내는 낱말을 찾아 선으로 이어요.

다음 문장을 천천히 따라 읽어요.

우유는 맛있어.
요구르트는 달콤해.
야채는 아삭아삭.
즐거운 요리 시간.

<보기>에 있는 낱말을 넣어 문장을 만들고 써요.

<보기> 소녀   여우   이야기   우유   야구   요요

예) 야구를 하러 가요.

알맞은 모음을 써서 그림을 나타내는 낱말을 완성해요.

(※ 낱말 카드를 활용하세요)

두 낱말에 공통으로 들어가는 글자를 <보기>에서 찾아 써요.

<보기>   어   오   야   구   마   모

그림을 보고 〈보기〉의 낱말을 넣어 문장을 만들어 써요.

| 〈보기〉 | 나무 | 피아노 | 누나 | 어머니 | 나비 | 너구리 | 소녀 | 이야기 |

예) 나비가 날아가요.

자음을 배워요

자음은 혼자 소리를 낼 수 없어요.
엄마 글자 모음을
만나야 소리를 내요.

교수학습 과정안

* 본 교수학습 과정안은 자음 부분 첫 번째 차시(교재 6일차)에 해당하는 예시입니다.

* 교수학습 상황과 학생에 따라 지도교사가 적절히 변형하여 사용할 수 있습니다.

* '되돌아보며 기억 쏙쏙' 및 '재미있게 읽고 써요_자음'과 낱말카드는 복습 및 가정학습용으로 활용하면 좋습니다.

학습주제		자음 'ㄱ' 익히기	차시	1/1	지도 대상	1학년 ○반
학습목표		자음 'ㄱ'을 익힐 수 있다.	시간	40분		○○○
교수학습 자료		노래파일 〈자음송〉 (유튜브에서 다양한 곡조와 노랫말로 찾을 수 있음)				
학습 단계	학습 과정	교수학습 활동			시간 (분)	자료(㉋) 및 유의점(㉌)
도입	동기 유발	〈자음송〉 노래 부르기 • 〈자음송〉 노래를 듣고 함께 불러 볼까요? - 〈자음송〉 노래를 부른다. • 〈자음송〉 노래에서 자음 'ㄱ'이 들어간 글자는 무엇이 있나요? - '기역, 그, 가, 가구, 고, 고기'입니다.			5	㉋ 〈자음송〉 노래 파일 ㉌ 노래에 따라 다양하게 대답할 수 있다.
	학습 문제	자음 'ㄱ'이 쓰인 낱말을 읽어 봅시다.				
	학습 활동	〈활동 1〉 자음 'ㄱ(기역)' 익히기 〈활동 2〉 자음 'ㄱ(기역)'과 모음 'ㅏ, ㅓ, ㅣ'가 합쳐진 글자 익히기 〈활동 3〉 자음 'ㄱ(기역)'과 모음 'ㅗ, ㅜ, ㅡ'가 합쳐진 글자 익히기 〈활동 4〉 자음 'ㄱ(기역)'을 낱말과 문장에서 찾기 〈활동 5〉 자음 'ㄱ(기역)'을 찾아보기				
전개	학습 전개 1	〈활동 1〉 자음 'ㄱ(기역)' 익히기 • 자음은 혼자 소리를 낼 수 없어요. 모음과 합쳐 소리를 내요. • 자음 'ㄱ'의 이름은 '기역'이에요. ㅇ자음 'ㄱ(기역)'의 소리와 모양 알기 • 자음 'ㄱ(기역)'은 [그] 소리가 나요. [그]라고 읽어 볼까요? - [그] • 자음 'ㄱ(기역)'을 몸으로 배워 볼까요? - 'ㄱ(기역)'을 몸으로 표현한다. ㅇ자음 'ㄱ(기역)'의 쓰는 순서 알고 써 보기 • 자음 'ㄱ(기역)'의 쓰는 순서를 알아볼까요? 			5	㉌ 'ㄱ'의 쓰는 순서를 칠판에 제시한다. ㉌ 손가락, 팔 전체, 몸으로 움직이고 나서 'ㄱ'을 쓰게 한다.

		- 'ㄱ(기역)'을 손가락으로 따라 쓴다. - 'ㄱ(기역)'을 팔 전체를 이용해 크게 따라 쓴다. • 자음 'ㄱ(기역)'을 [그]라고 읽으면서 써 볼까요? - 교재의 해당 칸에 [그]라고 읽으면서 'ㄱ(기역)'을 여러 번 쓴다.		
	학습 전개 2	〈활동 2〉 자음 'ㄱ(기역)'과 모음 'ㅏ, ㅓ, ㅣ'가 합쳐진 글자 익히기 ○ 자음 'ㄱ(기역)'과 'ㅏ(아)'를 합친 글자와 소리 익히기 • 'ㄱ(그)+아, (그)아'를 합치면 어떤 소리가 되나요? - '가[가]'입니다. • '그+아, 그아, 가'를 3번 소리 내어 볼까요? - '그+아, 그아, 가'를 3번 소리 낸다. • 'ㄱ(그)'와 'ㅏ'가 합쳐진 글자 '가'를 소리 내어 읽고 써 보세요. - '가'를 읽고 따라 쓴다. ○ 자음 'ㄱ(기역)'과 'ㅓ(어)'를 합친 글자와 소리 익히기 • 'ㄱ(그)+어, (그)어'를 합치면 어떤 소리가 되나요? - '거[거]'입니다. • '그+어, 그어, 거'를 3번 소리 내어 볼까요? - '그+어, 그어, 거'를 3번 소리 낸다. • 'ㄱ(그)'와 'ㅓ'가 합쳐진 글자 '거'를 소리 내어 읽고 써 보세요. - '거'를 읽고 따라 쓴다. ○ 자음 'ㄱ(기역)'과 'ㅣ(이)'를 합친 글자와 소리 익히기 • 'ㄱ(그)+이, (그)이'를 합치면 어떤 소리가 되나요? - '기[기]'입니다. • '그+이, 그이, 기'를 3번 소리 내어 볼까요? - '그+이, 그이, 기'를 3번 소리 낸다. • 'ㄱ(그)'와 'ㅣ'가 합쳐진 글자 '기'를 소리 내어 읽고 써 보세요. - '기'를 읽고 따라 쓴다. ○ '가, 거, 기'가 들어 있는 낱말 익히기 • 낱말에서 '가, 거, 기'를 찾아 ○표 해 볼까요? - '가지, 거미, 기차'에서 '가, 거, 기'를 찾고 ○표 한다. • '가, 거, 기'가 쓰인 낱말을 따라 읽어 볼까요? - '가지, 거미, 기차'를 교사를 따라 읽는다. - 친구와 번갈아 가며 '가지, 거미, 기차'를 읽는다. - 혼자서 '가지, 거미, 기차'를 읽는다.	7	㈜ 학생들은 저마다 배우 는 속도가 다 르므로 속도 를 조절한다. ㈜ 혼자서 읽기를 어려 워하는 경우 교사가 읽는 것을 도와 준다.
	학습 전개 3	〈활동 3〉 자음 'ㄱ'(기역)과 모음 'ㅗ, ㅜ, ㅡ'가 합쳐진 글자 익히기 ○ 자음 'ㄱ(기역)'과 'ㅗ(오)'를 합친 글자와 소리 익히기 • 'ㄱ(그)+오, (그)오'를 합치면 어떤 소리가 되나요? - '고[고]'입니다. • '그+오, 그오, 고'를 3번 소리 내어 볼까요? - '그+오, 그오, 고'를 3번 소리 낸다. • 'ㄱ(그)'와 'ㅗ'가 합쳐진 글자 '고'를 소리 내어 읽고 써 보세요. - '고'를 읽고 따라 쓴다.	7	㈜ 학생들은 저마다 배우 는 속도가 다 르므로 속도 를 조절한다.

		○ 자음 'ㄱ(기역)'과 'ㅜ(우)'를 합친 글자와 소리 익히기		
		• 'ㄱ(그)+우, (그)우'를 합치면 어떤 소리가 되나요?		
		- '구[구]'입니다.		
		• '그+우, 그우, 구'를 3번 소리 내어 볼까요?		
		- '그+우, 그우, 구'를 3번 소리 낸다.		
		• 'ㄱ(그)'와 'ㅜ'가 합쳐진 글자 '구'를 소리 내어 읽고 써 보세요.		
		- '구'를 읽고 따라 쓴다.		
		○ 자음 'ㄱ(기역)'과 'ㅡ(으)'를 합친 글자와 소리 익히기		
		• 'ㄱ(그)+으, (그)으'를 합치면 어떤 소리가 되나요?		
		- '그[그]'입니다.		
		• '그+으, 그으, 그'를 3번 소리 내어 볼까요?		
		- '그+으, 그으, 그'를 3번 소리 낸다.		
		• 'ㄱ(그)'와 'ㅡ'가 합쳐진 글자 '그'를 소리 내어 읽고 써 보세요.		
		- '그'를 읽고 따라 쓴다.		
		○ '고, 구, 그'가 들어 있는 낱말 익히기		㈜ 혼자서 읽기를 어려워하는 경우 교사가 읽는 것을 도와준다.
		• 낱말에서 '고, 구, 그'를 찾아 ○표 해 볼까요?		
		- '고구마, 구두, 그네'에서 '고, 구, 그'를 찾고 ○표 한다.		
		• '고, 구, 그'가 쓰인 낱말을 따라 읽어 볼까요?		
		- '고구마, 구두, 그네'를 교사를 따라 읽는다.		
		- 친구와 번갈아 가며 '고구마, 구두, 그네'를 읽는다.		
학습 전개 4		〈활동 4〉 자음 'ㄱ(기역)'이 쓰인 낱말과 문장 읽기	6	㈜ 색깔로 된 낱말과 글자 중 스스로 읽을 수 있는 것에 교사가 ○표 한다.
		○ 자음 'ㄱ'이 들어간 낱말 읽기		
		- 교사를 따라서 '가지, 고구마, 거미, 구두, 기차, 그네'를 읽는다.		
		- 친구와 번갈아 '가지, 고구마, 거미, 구두, 기차, 그네'를 읽는다.		
		- 혼자서 '가지, 고구마, 거미, 구두, 기차, 그네'를 읽는다.		
		○ 자음 'ㄱ(기역)'을 문장에서 찾기		
		• 문장에서 자음 'ㄱ(기역)'이 쓰인 글자를 찾아 ○표 하고 읽어 보아요.		
		〈예시〉 ⟨기차⟩를 타고 시골에 ⟨가⟩요. ⟨고구마⟩와 ⟨가지⟩를 심어요. 신나게 ⟨그네⟩도 탔어요.		㈜ 색깔로 된 글자가 아닌 경우(예: 타고, 가요, 신나게) 스스로 읽은 글자가 있다면 ○표 한다.
		- '기차를 타고 시골에 가요.'를 교사를 따라서 한 번, 스스로 한 번 읽는다.		
		- '고구마와 가지를 심어요.'를 교사를 따라서 한 번, 스스로 한 번 읽는다.		
		- '신나게 그네도 탔어요.'를 교사를 따라서 한 번, 스스로 한 번 읽는다.		
		- 친구와 번갈아 가며 문장을 읽어 본다.		
		- 스스로 읽어 본다.		

	학습
	전개
	5
		〈활동 5〉 자음 'ㄱ(기역)'을 찾아보기
		 • 그림 속에 여러 물건과 동물이 있어요. 어떤 것들이 있는지 말해 볼까요?
		  - '가위, 구두, 거미, 바구니, 자전거, 모기'를 말한다.
		 • 물건과 동물 이름에서 자음 'ㄱ(기역)'을 찾아 ○표 해 볼까요?
		  - 'ㄱ'에 ○표 한다.
		 • 자음 'ㄱ(기역)'을 써서 낱말을 완성해 보아요.
		  - '가위, 구두, 거미, 바구니, 자전거, 모기'에서 'ㄱ'을 쓴다.
		 • 낱말을 소리 내어 읽어 보아요.
		  - '가위, 구두, 거미, 바구니, 자전거, 모기'를 3번 읽는다.
			5	㉴ 어려워
				하는 낱말은
				교사가 읽어
				준다.

정리	정리
	활동
		'ㄱ(기역)'이 들어간 낱말 말하기
		 • 'ㄱ(기역)'이 들어간 낱말을 말해 볼까요?
		  - '가지, 거미, 기차, 고구마, 구두, 그네' 등 'ㄱ(기역)'이 쓰인 낱말을 말한다.
		  ※ 교재에 나오지 않은 낱말을 말할 경우 교사가 칠판에 쓰고 자음 'ㄱ'에 ○표
		   해 보인다.
		노래를 부르며 마무리하기
		 〈자음송〉 노래를 부르며 마무리한다.
			5	㉴ 어려워
				하는 낱말은
				낱말 카드
				를 이용해
				연습한다.

※평가계획

성취기준		자음 'ㄱ'을 찾고 정확하게 읽을 수 있는가?
평가방법		관찰평가
성취 수준	상	자음 'ㄱ'을 낱말 속에서 찾고 정확한 소리로 읽을 수 있다.
	중	자음 'ㄱ'을 찾을 수 있지만 정확히 읽지 못한다.
	하	자음 'ㄱ'을 찾거나 읽지 못한다.

① **ㄱ** 소리가 나요.

ㄱ 과 모음 **ㅏ, ㅓ, ㅣ** 가 합쳐진 글자를 알아보아요.

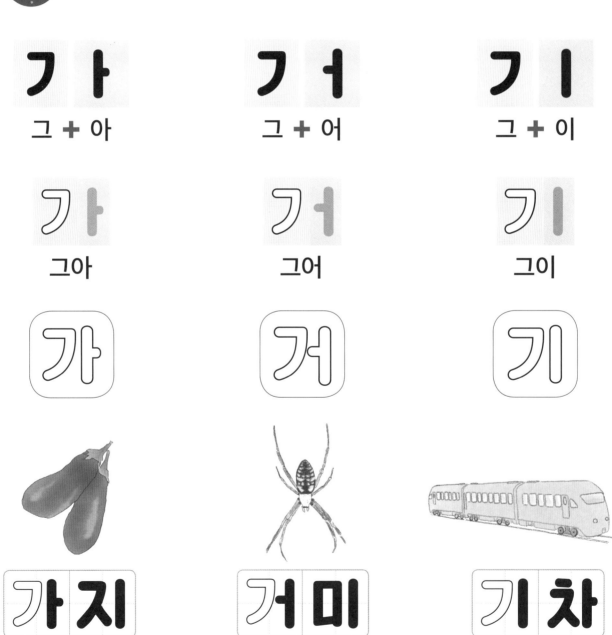

가
그 + 아

거
그 + 어

기
그 + 이

그아

그어

그이

가

거

기

가지

거미

기차

글자 이름은

기역 이에요.

⬤ㄱ 과 모음 ㅗ, ㅜ, ㅡ 가 합쳐진 글자를 알아보아요.

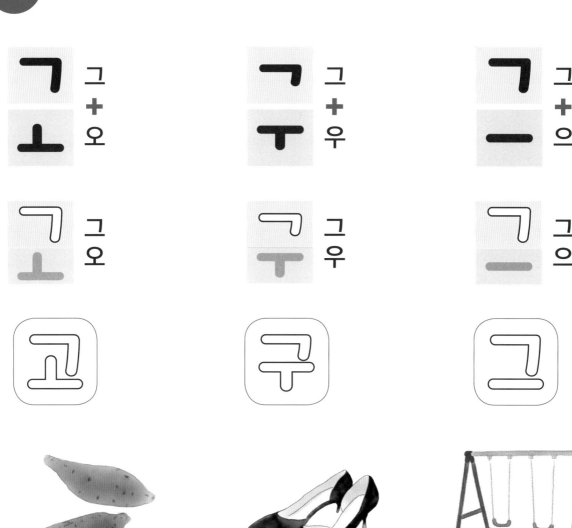

그 + 오

그 + 우

그 + 으

그 오

그 우

그 으

고

구

그

고구마

구두

그네

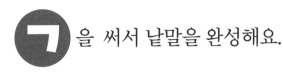 을 써서 낱말을 완성해요.

가지
고구마
거미
구두
기차
그네

ㄱ 이 쓰인 문장을 천천히 따라 읽어요.

기차를 타고 시골에 가요.
고구마와 가지를 심어요.
신나게 그네도 탔어요.

50

이 들어간 낱말을 그림 속에서 찾아 읽고 써요.

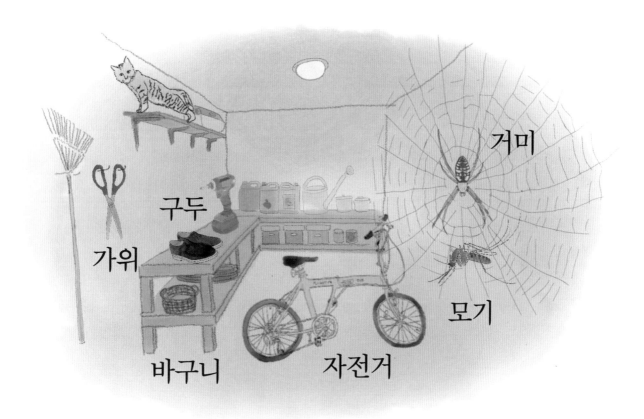

거미

구두

가위

바구니   자전거

모기

가 위   구 두   바 구 니

거 미   자 전 거   모 기

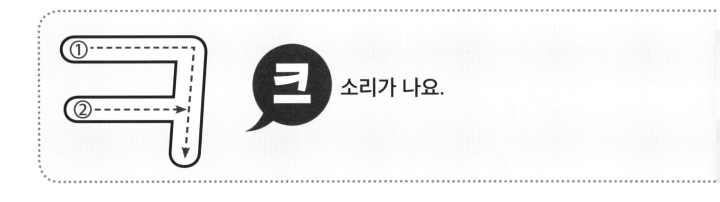

ㅋ 소리가 나요.

ㅋ 과 모음 **ㅏ, ㅓ, ㅣ** 가 합쳐진 글자를 알아보아요.

ㅋㅏ	**ㅋㅓ**	**ㅋㅣ**
크 + 아	크 + 어	크 + 이
ㅋㅏ	**ㅋㅓ**	**ㅋㅣ**
크아	크어	크이
ㅋㅏ	**ㅋㅓ**	**ㅋㅣ**

ㅋㅏㄷ   **ㅋㅓㅍ**   **ㅅㅡㅋㅣ**

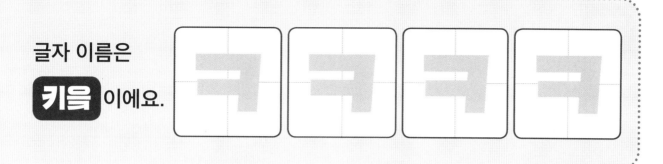

ㅋ 과 모음 ㅗ, ㅜ, ㅡ 가 합쳐진 글자를 알아보아요.

크 + 오

크 + 우

크 + 으

크오

크우

크으

코

쿠

크

코

쿠키

포크

53

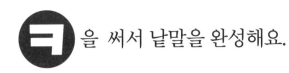 을 써서 낱말을 완성해요.

 이 쓰인 문장을 천천히 따라 읽어요.

나는 쿠키를 먹어요.
동생은 케이크를 먹어요.
엄마는 커피를 마셔요.

54

이 들어간 낱말을 그림 속에서 찾아 읽고 써요.

크리스마스

카드　케이크

쿠키

커피

크리스마스　카드

커피　쿠키　케이크

되돌아보며 기억 쏙쏙

빈 곳에 ㄱ, ㅋ 중 알맞은 것을 써서 낱말을 완성해요.

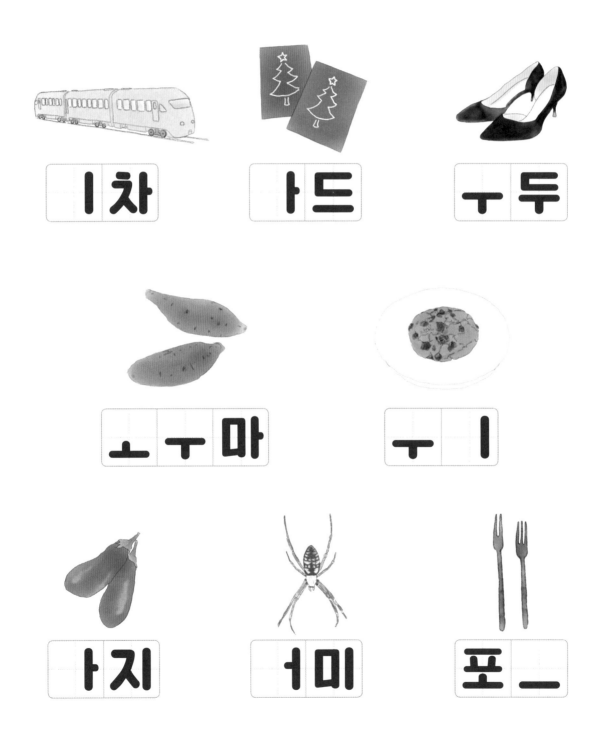

다음 문장을 천천히 따라 읽어요.

크리스마스 카드를 써요.

케이크를 먹어요.

고구마도 맛있어요.

<보기>에 있는 낱말을 넣어 문장을 만들고 써요.

<보기>	거미	구두	코	포크	쿠키

예) 거미가 기어가요.

느 소리가 나요.

ㄴ 과 모음 ㅏ, ㅓ, ㅣ 가 합쳐진 글자를 알아보아요.

ㄴ ㅏ
느 + 아

ㄴ ㅓ
느 + 어

ㄴ ㅣ
느 + 이

나
느아

너
느어

니
느이

나

너

니

누나　너구리　어머니

글자 이름은 **니은** 이에요.

ㄴ 과 모음 ㅗ, ㅜ, ㅡ 가 합쳐진 글자를 알아보아요.

ㄴ + ㅗ = 느 오

ㄴ + ㅜ = 느 우

ㄴ + ㅡ = 느 으

노 래

누 나

느 티 나 무

을 써서 낱말을 완성해요.

 이 쓰인 문장을 천천히 따라 읽어요.

느티나무 그늘 아래에서

노래를 불러요.

어머니도 누나도 웃어요.

60

이 들어간 낱말을 그림 속에서 찾아 읽고 써요.

노래

나비

느티나무

누나

피아노

어머니

드 소리가 나요.

ㄷ 과 모음 ㅏ, ㅓ, ㅣ 가 합쳐진 글자를 알아보아요.

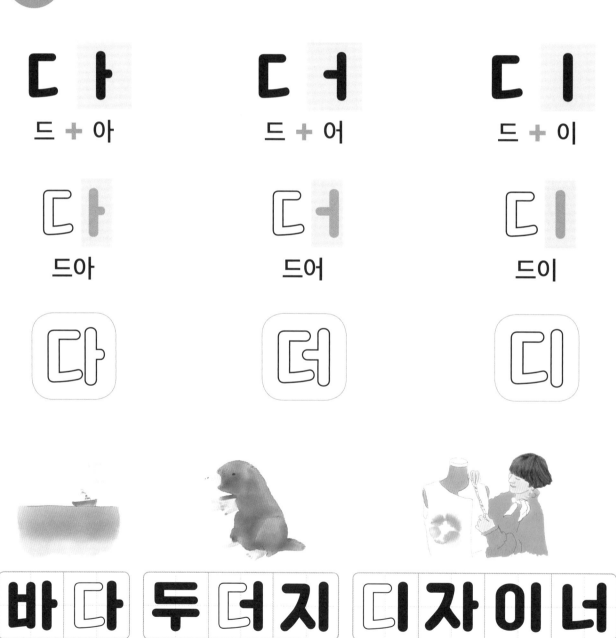

다
드 + 아

더
드 + 어

디
드 + 이

다
드아

더
드어

디
드이

다

더

디

바 다　두 더 지　디 자 이 너

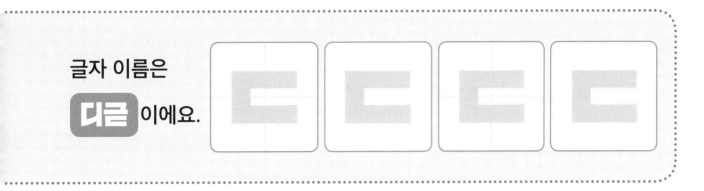

글자 이름은 **디귿** 이에요.

ㄷ 과 모음 ㅗ, ㅜ, ㅡ 가 합쳐진 글자를 알아보아요.

드 + 오

드 + 우

드 + 으

드 오

드 우

드 으

도

두

드

도토리

두더지

카드

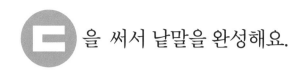 을 써서 낱말을 완성해요.

바다　두더지

 디자이너

 도토리　  카드

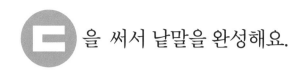 이 쓰인 문장을 천천히 따라 읽어요.

아기 두더지가
파도를 넘고 바다를 건너
도깨비 나라에 왔어요.

이 들어간 낱말을 그림 속에서 찾아 읽고 써요.

리코더

구두

다리미

카드

키보드

드라이어

리코더　다리미

구두　키보드

드라이어　카드

ㅌ 소리가 나요.

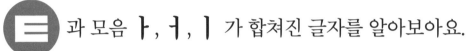

ㅌ 과 모음 ㅏ, ㅓ, ㅣ 가 합쳐진 글자를 알아보아요.

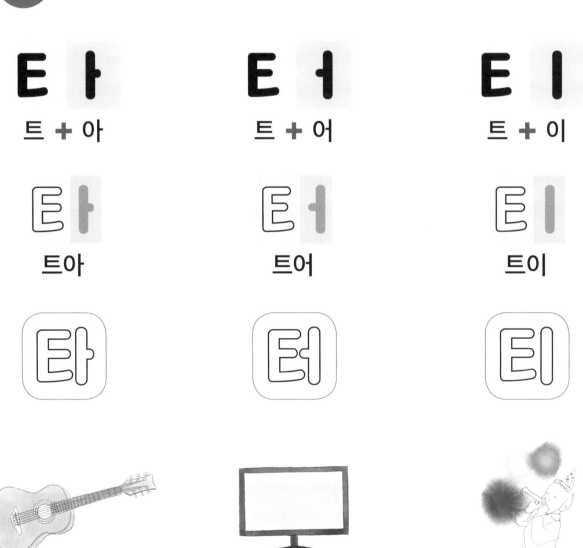

트 + 아	트 + 어	트 + 이
트아	트어	트이
타	터	티

기타　　모니터　　파티

글자 이름은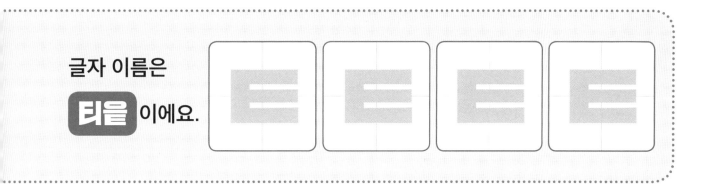

티읕 이에요.

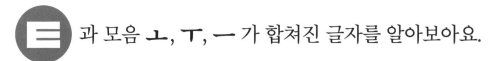

ㅌ 과 모음 ㅗ, ㅜ, ㅡ 가 합쳐진 글자를 알아보아요.

트 + 오	트 + 우	트 + 으
트 오	트 우	트 으
토	투	트

토마토   투표   아파트

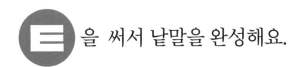 을 써서 낱말을 완성해요.

 기타    모니터

 파티    토마토

 투표    아파트

 이 쓰인 문장을 천천히 따라 읽어요.

아파트 놀이터에서 야구를 해요.

투수가 공을 던져요.

타자가 배트를 휘둘러요.

이 들어간 낱말을 그림 속에서 찾아 읽고 써요.

파티

트리

모니터   외투

기타

토마토

되돌아보며 기억 쏙쏙

빈 곳에 ㄴ, ㄷ, ㅌ 중 알맞은 것을 써서 낱말을 완성해요.

다음 문장을 천천히 따라 읽어요.

신기한 나무가 있어요.

한 가지는 포도가 열려요.

다른 가지는 도토리가 열려요.

<보기>에 있는 낱말을 넣어 문장을 만들고 써요.

<보기>	바다	파도	기타	나무	누나	노래

예) 누나가 기타를 쳐요.

ㅁ 소리가 나요.

ㅁ 과 모음 ㅏ, ㅓ, ㅣ 가 합쳐진 글자를 알아보아요.

마	머	미
므+아	므+어	므+이
므아	므어	므이
마	머	미

마스크 머리 다리미

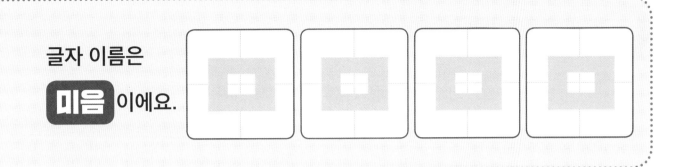

글자 이름은 **미음** 이에요.

□ 과 모음 ㅗ, ㅜ, ㅡ 가 합쳐진 글자를 알아보아요.

므 + 오

므 + 우

므 + 으

므 오

므 우

므 으

모

무

므

모자

무지개

오므라이스

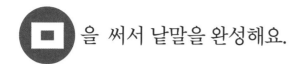 을 써서 낱말을 완성해요.

 이 쓰인 문장을 천천히 따라 읽어요.

고무줄로 머리를 묶어요.

모자와 마스크를 써요.

마당에 나무를 심어요.

이 들어간 낱말을 그림 속에서 찾아 읽고 써요.

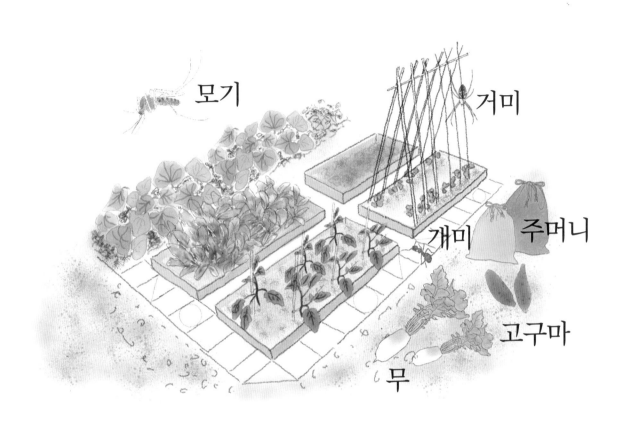

브 소리가 나요.

ㅂ 과 모음 ㅏ, ㅓ, ㅣ 가 합쳐진 글자를 알아보아요.

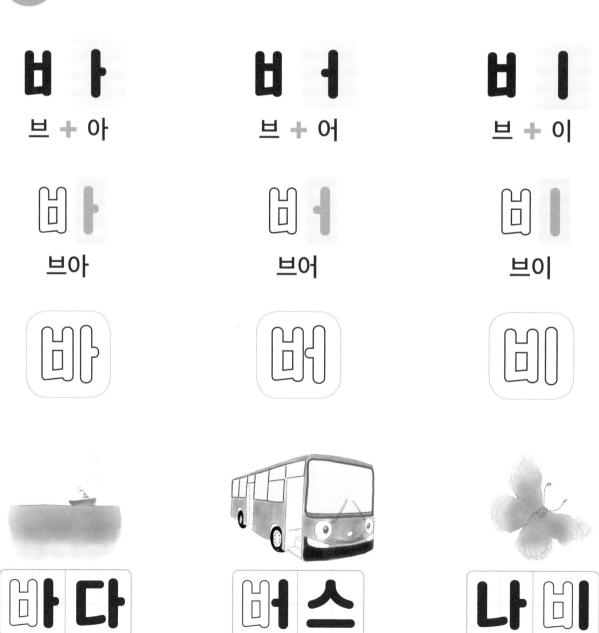

ㅂㅏ	ㅂㅓ	ㅂㅣ
브 + 아	브 + 어	브 + 이
브아	브어	브이

바다   버스   나비

글자 이름은 **비읍** 이에요.

ㅂ 과 모음 ㅗ, ㅜ, ㅡ 가 합쳐진 글자를 알아보아요.

ㅂ 브
+
ㅗ 오

ㅂ 브
+
ㅜ 우

ㅂ 브
+
ㅡ 으

ㅂ 브
ㅗ 오

ㅂ 브
ㅜ 우

ㅂ 브
ㅡ 으

보

부

브

보트

두부

튜브

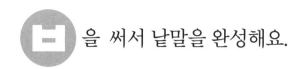 을 써서 낱말을 완성해요.

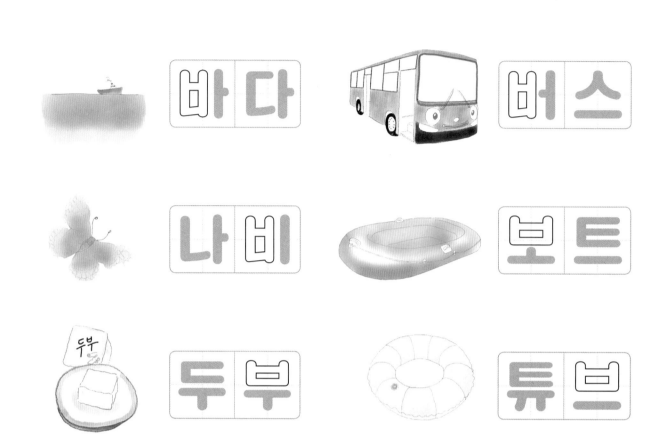

바다

버스

나비

보트

두부

튜브

ㅂ 이 쓰인 문장을 천천히 따라 읽어요.

버스를 타고 바다에 가요.

튜브를 타고 헤엄을 쳐요.

보트도 타요.

이 들어간 낱말을 그림 속에서 찾아 읽고 써요.

나비

버섯

바구니

보리　　　　버터　브로콜리

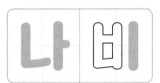 

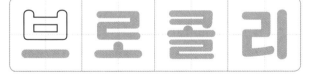 

프 소리가 나요.

프 과 모음 ㅏ, ㅓ, ㅣ 가 합쳐진 글자를 알아보아요.

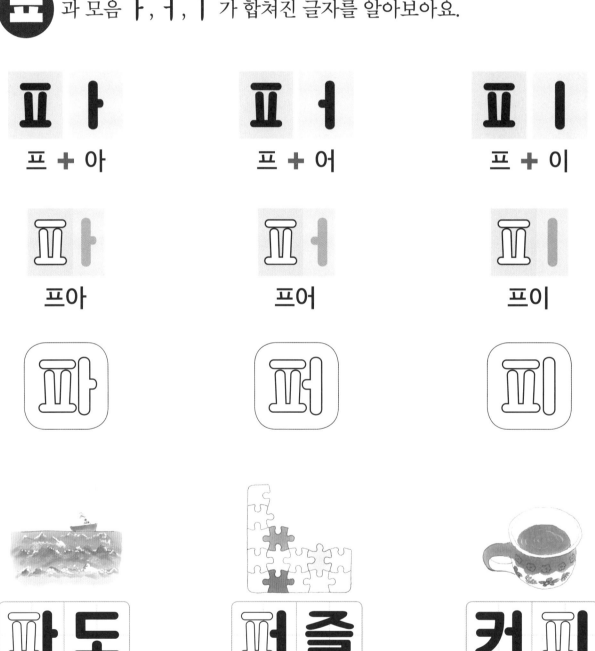

프 + 아   프 + 어   프 + 이

프아   프어   프이

파도   퍼즐   커피

글자 이름은 **피읖** 이에요.

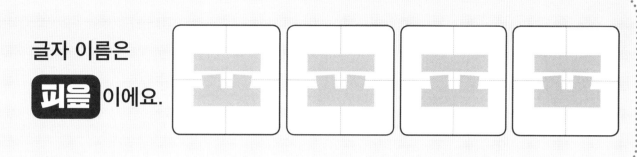

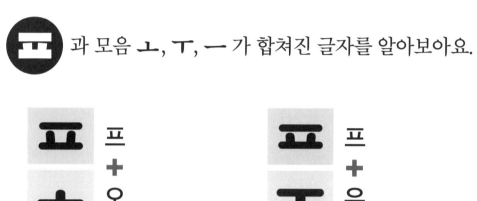 과 모음 ㅗ, ㅜ, ㅡ 가 합쳐진 글자를 알아보아요.

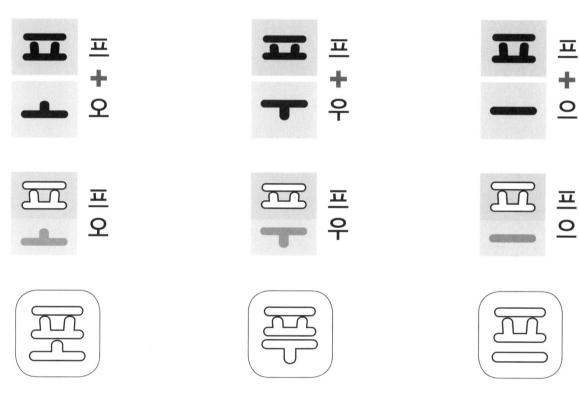

프 + 오 → 포
프 + 우 → 푸
프 + 으 → 프

포도   푸들   테이프

을 써서 낱말을 완성해요.

  파도

  퍼즐

  커피

  포도

 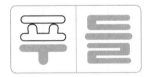 푸들

 테이프

 이 쓰인 문장을 천천히 따라 읽어요.

소파에 앉아요.

커피를 마셔요.

포도를 먹어요.

82

이 들어간 낱말을 그림 속에서 찾아 읽고 써요.

되돌아보며 기억 쏙쏙

빈 곳에 ㅁ, ㅂ, ㅍ 중 알맞은 것을 써서 낱말을 완성해요.

다음 문장을 천천히 따라 읽어요.

모자를 써요.

바다에 가요.

파도를 보아요.

무지개를 보아요.

<보기>에 있는 낱말을 넣어 문장을 만들고 써요.

| <보기> | 나비 | 두부 | 거미 | 버스 | 파도 | 포도 |

예) 버스가 가요.

스 소리가 나요.

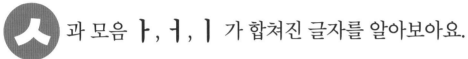

ㅅ 과 모음 **ㅏ, ㅓ, ㅣ** 가 합쳐진 글자를 알아보아요.

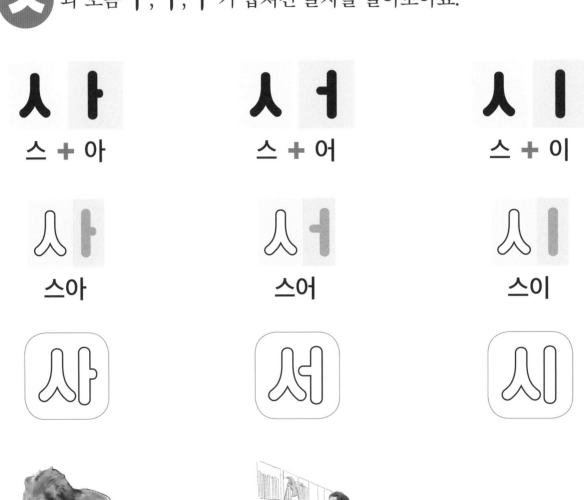

사	서	시
스 + 아	스 + 어	스 + 이
스아	스어	스이

사자   사서   시소

86

글자 이름은 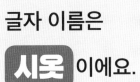 이에요.

 과 모음 ㅗ, ㅜ, ㅡ 가 합쳐진 글자를 알아보아요.

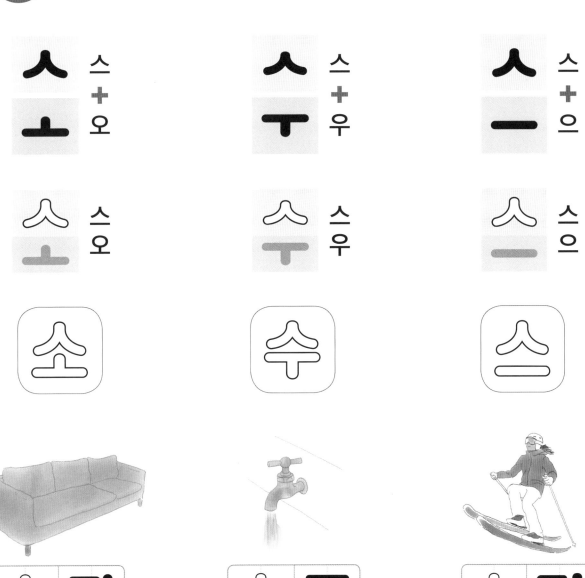

을 써서 낱말을 완성해요.

 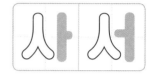

 이 쓰인 문장을 천천히 따라 읽어요.

도서관에 가요.

사서 선생님께 인사해요.

소파에 앉아 책을 읽어요.

이 들어간 낱말을 그림 속에서 찾아 읽고 써요.

채소
소나기
수박
사과
시금치
코스모스

ㅈ 소리가 나요.

 과 모음 ㅏ, ㅓ, ㅣ 가 합쳐진 글자를 알아보아요.

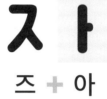
즈 + 아

즈 + 어

즈 + 이

즈아

즈어

즈이

자

저

지

자두

저고리

바지

글자 이름은 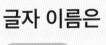 이에요.

 과 모음 ㅗ, ㅜ, ㅡ 가 합쳐진 글자를 알아보아요.

ㅈ ㅗ	즈 + 오	ㅈ ㅜ	즈 + 우	ㅈ ㅡ	즈 + 으

| ㅈ
ㅗ | 즈오 | ㅈ
ㅜ | 즈우 | ㅈ
ㅡ | 즈으 |

| 조 | 주 | 즈 |

조개

주머니

치즈

을 써서 낱말을 완성해요.

 　자두　　 저고리

 바지　　  조개

 주머니　　 치즈

 이 쓰인 문장을 천천히 따라 읽어요.

저고리에 매달린 주머니
조개 모양 예쁜 수가 놓였네.
열어 보니 자두 한 알 쏘옥.

이 들어간 낱말을 그림 속에서 찾아 써요.

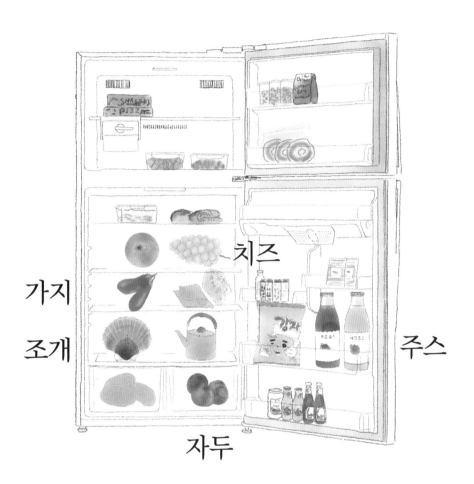

가지

치즈

조개

주스

자두

  **ㅊ** 소리가 나요.

 과 모음 **ㅏ, ㅓ, ㅣ** 가 합쳐진 글자를 알아보아요.

ㅊㅏ	ㅊㅓ	ㅊㅣ
츠 + 아	츠 + 어	츠 + 이
ㅊㅏ	ㅊㅓ	ㅊㅣ
츠아	츠어	츠이
차	처	치

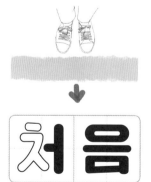

기차   처음   치마

글자 이름은 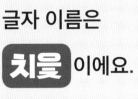이에요.

 과 모음 ㅗ, ㅜ, ㅡ 가 합쳐진 글자를 알아보아요.

ㅊ + ㅗ = 츠 + 오

ㅊ + ㅜ = 츠 + 우

ㅊ + ㅡ = 츠 + 으

츠 + 오 = 초

츠 + 우 = 추

츠 + 으 = 츠

초

추

츠

초

고추

스포츠

95

을 써서 낱말을 완성해요.

 기차  처음

 치마  초

 고추  스포츠

 이 쓰인 문장을 천천히 따라 읽어요.

부침개를 만들어요.

김치와 고추를 잘라 넣고

차가운 물을 부어 저어요.

이 들어간 낱말을 그림 속에서 찾아 써요.

추석

치마

대추

초

차례

되돌아보며 기억 쏙쏙

빈 곳에 ㅅ, ㅈ, ㅊ 중 알맞은 것을 넣어 낱말을 완성해요.

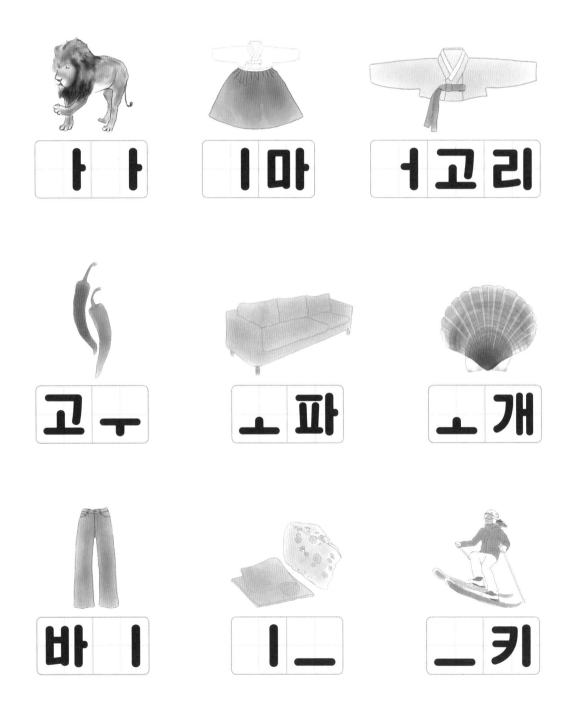

다음 문장을 천천히 따라 읽어요.

자전거를 타요.

소나기가 와요.

바지가 젖어서

치마로 갈아입었어요.

<보기>에 있는 낱말을 넣어 문장을 만들고 써요.

| <보기> | 시소 | 사자 | 치마 | 바지 | 저고리 | 기차 |

예) 시소를 타러 가요.

ㄹ 소리가 나요.

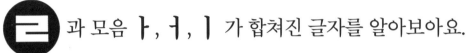

ㄹ 과 모음 ㅏ, ㅓ, ㅣ 가 합쳐진 글자를 알아보아요.

라	러	리
르 + 아	르 + 어	르 + 이
르아	르어	르이

라디오　기러기　오리

글자 이름은 **리을** 이에요.

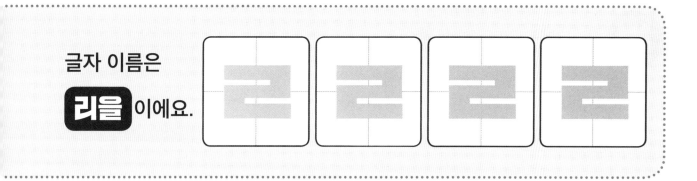

ㄹ 과 모음 ㅗ, ㅜ, ㅡ 가 합쳐진 글자를 알아보아요.

ㄹ 르
+
ㅗ 오

ㄹ 르
ㅗ 오

로

ㄹ 르
+
ㅜ 우

ㄹ 르
ㅜ 우

루

ㄹ 르
+
ㅡ 으

ㄹ 르
ㅡ 으

르

도로

가루

요구르트

101

을 써서 낱말을 완성해요.

 라 디 오  기 러 기

  오 리  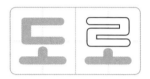 도 로

  가 루 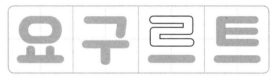 요 구 르 트

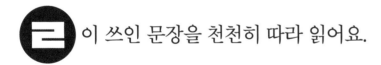 이 쓰인 문장을 천천히 따라 읽어요.

밀가루를 사러 마트에 가요.

요구르트도 샀어요.

신나는 음악 소리가 들려요.

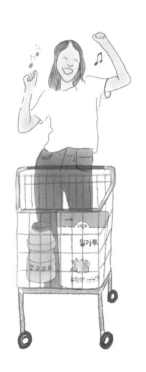

102

이 들어간 낱말을 그림 속에서 찾아 읽고 써요.

고릴라

노루

너구리

개구리

코끼리

오리

기러기

기 러 기   고 릴 라

너 구 리   오 리   노 루

코 끼 리   개 구 리

으 소리가 나요.

ㅇ 과 모음 ㅏ, ㅓ, ㅣ 가 합쳐진 글자를 알아보아요.

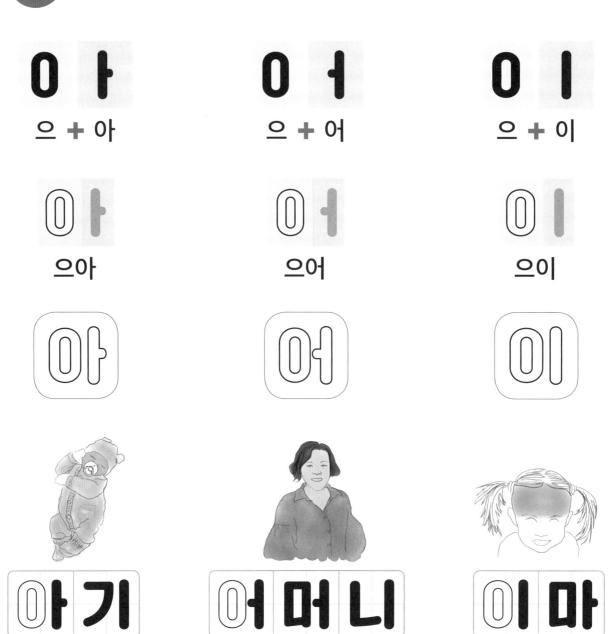

으 + 아	으 + 어	으 + 이
으아	으어	으이
아	어	이

아기　　어머니　　이마

104

글자 이름은  이에요.

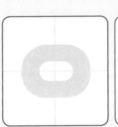  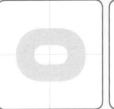 

 과 모음 ㅗ, ㅜ, ㅡ 가 합쳐진 글자를 알아보아요.

으 + 오

으 + 우

으 + 으

으 오

으 우

으 으

오

우

으

오리

우유

으르렁

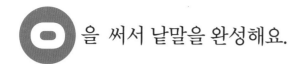 을 써서 낱말을 완성해요.

  아 기     어 머 니

 이 마    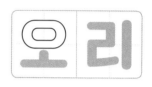 오 리

  우 유     으 르 렁

ㅇ 이 쓰인 문장을 천천히 따라 읽어요.

어머니가 우유를 주어요.

라디오에서 음악이 나와요.

아기는 새근새근 잠이 들어요.

이 들어간 낱말을 그림 속에서 찾아 읽고 써요.

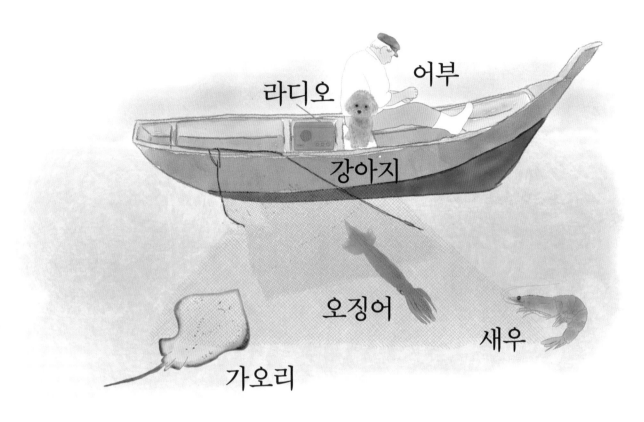

라디오

어부

강아지

오징어

새우

가오리

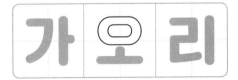

ㅎ 소리가 나요.

ㅎ 과 모음 ㅏ, ㅓ, ㅣ 가 합쳐진 글자를 알아보아요.

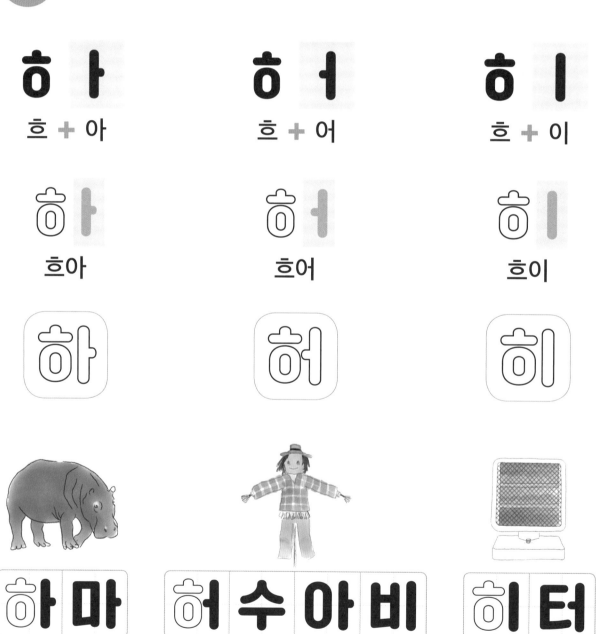

하
흐 + 아
ㅎㅏ
흐아
하

허
흐 + 어
ㅎㅓ
흐어
허

히
흐 + 이
ㅎㅣ
흐이
히

하마   허수아비   히터

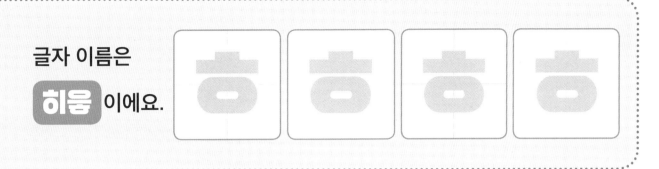

ㅎ 과 모음 ㅗ, ㅜ, ㅡ 가 합쳐진 글자를 알아보아요.

흐 + 오 ㅗ
흐 + 우 ㅜ
흐 + 으 ㅡ

흐 오 ㅗ
흐 우 ㅜ
흐 으 ㅡ

호
후
흐

호두
오후
흐르다

109

을 써서 낱말을 완성해요.

 이 쓰인 문장을 천천히 따라 읽어요.

시간이 빠르게 흐르네.

야호, 신나는 오후 시간.

하루가 지나가네.

이 들어간 낱말을 그림 속에서 찾아 써요.

후후후

허허허

ㅎㅎㅎ

하하하

호호호

히히히

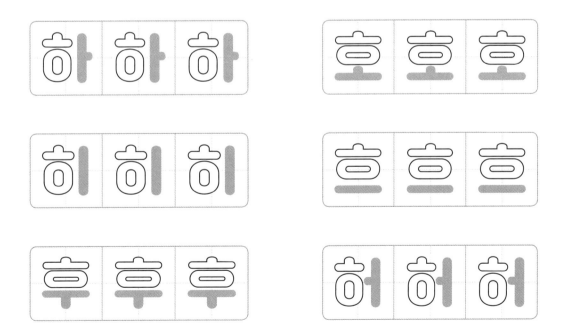

되돌아보며 기억 쏙쏙

빈 곳에 ㄹ, ㅇ, ㅎ 중 알맞은 것을 넣어 낱말을 완성해요.

다음 문장을 천천히 따라 읽어요.

호랑이는 으르렁

오리는 뒤뚱뒤뚱

호두는 데굴데굴

<보기>에 있는 낱말을 넣어 문장을 만들고 써요.

| 〈보기〉 | 아기 | 어머니 | 하마 | 아파트 | 오리 |

예) 아기가 잠을 자요.

재미있게 읽고 써요 자음

알맞은 자음을 써서 그림을 나타내는 낱말을 완성해요.

(※ 낱말 카드를 활용하세요)

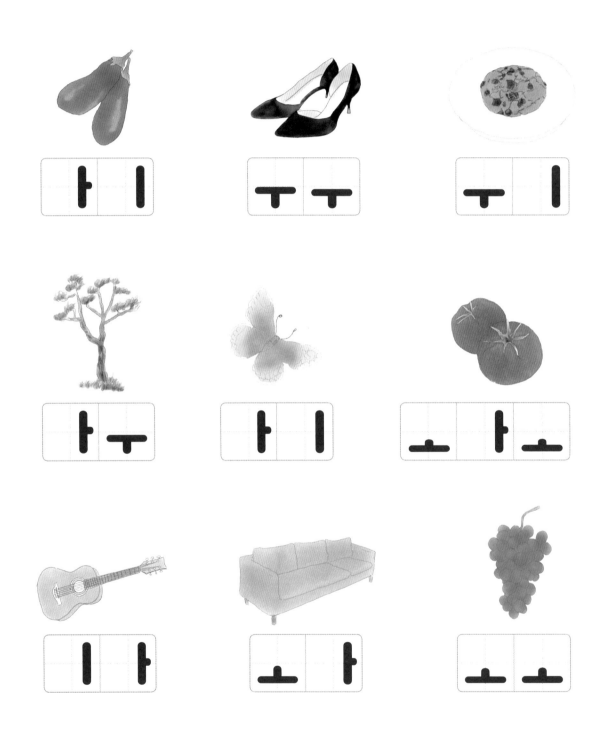

두 낱말에 공통으로 들어가는 글자를 <보기>에서 찾아 써요.

<보기>　　고　　마　　구　　호　　두　　지

그림을 보고 〈보기〉의 낱말을 넣어 문장을 만들고 써요.

| 〈보기〉 | 아파트 | 나무 | 커피 | 강아지 | 포도 | 어머니 | 아버지 |

예) 나는 아파트에 살아요.

받침글자를 배워요

자음과 모음이 합쳐져 글자가 돼요.
받침이 더해지면 새로운 글자가 돼요.

ㄱ

ㄴ

ㅁ

ㅂ

ㅅ

ㄹ

ㅇ

교수학습 과정안

* 본 교수학습 과정안은 받침 부분 첫 번째 차시(교재 20일차)에 해당하는 예시입니다.
* 교수학습 상황과 학생에 따라 지도교사가 적절히 변형하여 사용할 수 있습니다.
* '되돌아보며 기억 쏙쏙' 및 '재미있게 읽고 써요_받침'과 낱말카드는 복습 및 가정학습용으로 활용하면 좋습니다.

학습주제		받침 'ㅇ' 익히기	차시	1/1	지도 대상	1학년 ○반
학습목표		받침 'ㅇ'이 들어간 낱말을 읽을 수 있다.	시간	40분		○○○
교수학습 자료		노래파일 〈받침송〉(유튜브에서 다양한 곡조와 노랫말로 찾을 수 있음)				
학습 단계	학습 과정	교수학습 활동			시간 (분)	자료(㉤) 및 유의점(㉦)

도입	동기 유발	〈받침송〉 노래 부르기
		• 〈받침송〉 노래를 듣고 함께 불러 볼까요?
		  - 〈받침송〉 노래를 부른다.
		• 〈받침송〉 노래에서 받침 'ㅇ'은 어떤 소리가 난다고 했나요?
		  - '응'입니다.
					5	㉤ 〈받침송〉 노래 파일

	학습 문제	받침 'ㅇ'이 쓰인 낱말을 읽어 봅시다.				
	학습 활동	〈활동 1〉 받침 'ㅇ(이응)' 익히기 〈활동 2〉 글자 '가, 고, 바, 서'에 받침 'ㅇ(이응)'을 넣어 읽기 〈활동 3〉 받침 'ㅇ(이응)'이 쓰인 낱말 읽기 〈활동 4〉 받침 'ㅇ(이응)'이 쓰인 낱말 넣어 문장 읽기				

전개	학습 전개 1	〈활동 1〉 받침 'ㅇ(이응)' 익히기
		• 받침 'ㅇ'은 [응] 소리가 나요. [응]이라고 소리 내어 볼까요?
		  - [응]
		• '아'에 받침 'ㅇ'을 합치면 [앙]이라고 읽어요. [앙]이라고 소리 내어 볼까요?
		  - [앙]
		
		〈예시〉
					5	

'ㅇ' 받침은 응 소리가 나요.

'아'와 'ㅇ'을 합쳐 앙 이라고 읽어요.

학습 전개 2	〈활동 2〉 글자 '가, 고, 바, 서'에 받침 'ㅇ(이응)'을 넣어 읽기	10	
	○ 글자 '가'에 받침 'ㅇ'을 넣어 글자 만들기 　• '가+응, 가응'을 합치면 어떤 소리가 되나요? 　　- '강'입니다. 　• '가+응, 가응, 강'을 3번 소리 내어 볼까요? 　　- '가+응, 가응, 강'을 3번 소리 낸다. 　• 그림 아래 글자에서 받침 'ㅇ'에 ○표 하고 써 보세요. 　　- '강'에서 받침 'ㅇ'에 ○표 하고 쓴다. 　　- '강'이라고 읽는다. ○ 글자 '고'에 받침 'ㅇ'을 넣어 글자 만들기 　•'고+응, 고응'을 합치면 어떤 소리가 되나요? 　　- '공'입니다. 　•'고+응, 고응, 공'을 3번 소리 내어 볼까요? 　　- '고+응, 고응, 공'을 3번 소리 낸다. 　• 그림 아래 글자에서 받침 'ㅇ'에 ○표 하고 써 보세요. 　　- '공'에서 받침 'ㅇ'에 ○표 하고 쓴다. 　　- '공'이라고 읽는다. ○ 글자 '바'에 받침 'ㅇ'을 넣어 글자 만들기 　• '바+응, 바응'을 합치면 어떤 소리가 되나요? 　　- '방'입니다. 　• '바+응, 바응, 방'을 3번 소리 내어 볼까요? 　　- '바+응, 바응, 방'을 3번 소리 낸다. 　• 그림 아래 글자에서 받침 'ㅇ'에 ○표 하고 써 보세요. 　　- '방'에서 받침 'ㅇ'에 ○표 하고 쓴다. 　　- '방'이라고 읽는다. ○ 글자 '서'에 받침 'ㅇ'을 넣어 글자 만들기 　• '서+응, 서응'을 합치면 어떤 소리가 되나요? 　　- '성'입니다. 　• '서+응, 서응, 성'을 3번 소리 내어 볼까요? 　　- '서+응, 서응, 성'을 3번 소리 낸다. 　• 그림 아래 글자에서 받침 'ㅇ'에 ○표 하고 써 보세요. 　　- '성'에서 받침 'ㅇ'에 ○표 하고 쓴다. 　　- '성'이라고 읽는다. ○ 받침 'ㅇ'이 들어간 낱말 읽기 　　- 선생님을 따라서 '강, 공, 방, 성'을 읽는다. 　　- 친구와 번갈아 '강, 공, 방, 성'을 읽는다. 　　- 혼자서 '강, 공, 방, 성'을 읽는다.		㊌ 어려워하 는 낱말은 낱말카드를 이용해 연습 한다.

		〈활동 3〉 받침 'ㅇ(이응)'이 쓰인 낱말 읽기	8	㈜ 어려워하는 낱말은 낱말 카드를 이용해 연습한다.
학습 전개 3		⊙ 받침 글자가 있는 낱말을 따라 읽어요. 강아지 공부 가방 성당 소방차 공주 • 낱말에서 받침 'ㅇ'을 찾아볼까요? - '강아지, 공부, 가방, 성당, 소방차, 공주'에서 받침 'ㅇ'을 찾는다. • 낱말에서 받침 'ㅇ'을 연필로 동그라미 쳐볼까요? - 낱말에서 받침 'ㅇ'을 찾아 동그라미 친다. • 받침 'ㅇ'이 들어간 낱말을 읽어볼까요? - 선생님을 따라서 '강아지, 공부, 가방, 성당, 소방차, 공주'를 읽는다. - 친구와 번갈아 '강아지, 공부, 가방, 성당, 소방차, 공주'를 읽는다. - 혼자서 '강아지, 공부, 가방, 성당, 소방차, 공주'를 읽는다.		
학습 전개 4		〈활동 4〉 받침 'ㅇ(이응)'이 쓰인 낱말 넣어 문장 읽기	7	㈜ 학생들은 저마다 공부하는 속도가 다르므로 적절히 속도를 조절한다.
		가방을 메고 나와 성당에 가요. 강아지가 따라와요. • 문장에서 받침 'ㅇ'을 찾아 ○표 하세요. - '가방을 메고 나와'에서 받침 'ㅇ'을 찾고 ○표 한다. - '성당에 가요.'에서 받침 'ㅇ'을 찾고 ○표 한다. - '강아지가 따라와요.'에서 받침 'ㅇ'을 찾고 ○표 한다. • 받침 'ㅇ'이 들어간 낱말을 써 보세요. - 'ㅇ' 받침이 들어간 낱말 '가방, 성당, 강아지'를 쓴다.		

		• 그림을 보면서 받침 'ㅇ'을 문장에서 찾아 읽어 보세요.
		  - '가방을 메고 나와 / 성당에 가요. / 강아지가 따라와요.'를
		    교사를 따라서 한 번, 스스로 한 번 읽는다.
		  - 친구와 번갈아 읽는다.
		  - 혼자서 3번 읽는다.		

정리	정리 활동	받침 'ㅇ(이응)'이 들어간 낱말 말하기 • 받침 'ㅇ(이응)'이 들어간 낱말을 말해 볼까요? - '강아지, 강, 공, 방, 성, 가방, 공주' 등 받침 'ㅇ(이응)'이 쓰인 낱말을 말한다. 노래를 부르며 마무리하기 • 〈받침송〉 노래를 부르며 마무리한다.	5	

※평가계획

성취기준		받침 'ㅇ'이 들어간 낱말을 읽을 수 있는가?
평가방법		관찰평가
성취 수준	상	받침 'ㅇ'이 들어간 낱말 '강아지, 공부, 가방, 성당, 소방차, 공주'를 모두 읽을 수 있다.
	중	받침 'ㅇ'이 들어간 낱말 중에서 일부를 읽을 수 있다.
	하	받침 'ㅇ'이 들어간 낱말을 전혀 읽지 못한다.

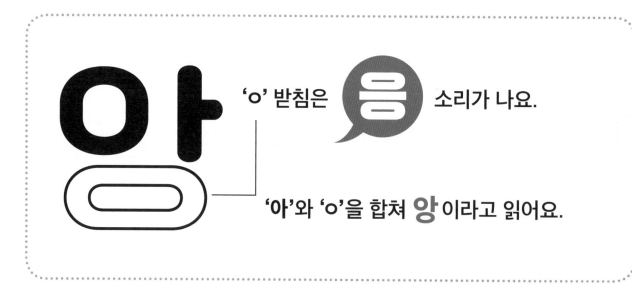

'ㅇ' 받침은 **응** 소리가 나요.

'아'와 'ㅇ'을 합쳐 **앙** 이라고 읽어요.

ㅇ 받침을 써 넣고 천천히 따라 읽어요.

강 가+응 강

공 고+응 공

방 바+응 방

성 서+응 성

받침 글자가 있는 낱말을 따라 읽어요.

강아지

공부

가방

성당

소방차

공주

 받침 글자가 쓰인 문장을 천천히 따라 읽어요.

가방을 메고 나와

성당에 가요.

강아지가 따라와요.

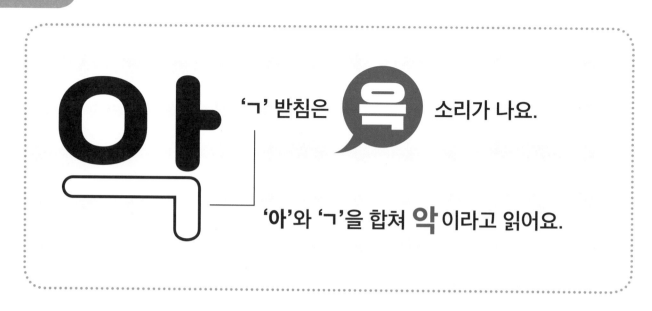

'ㄱ' 받침은 **윽** 소리가 나요.

'아'와 'ㄱ'을 합쳐 **악** 이라고 읽어요.

ㄱ 받침을 써 넣고 천천히 따라 읽어요.

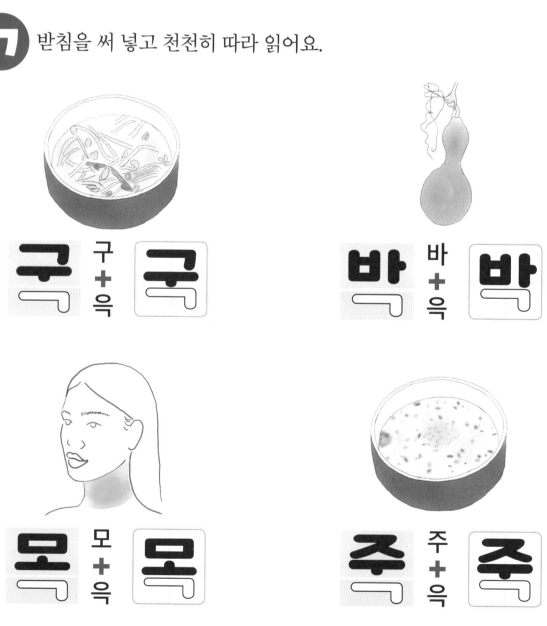

구 + 윽   국

바 + 윽   박

모 + 윽   목

주 + 윽   죽

ㄱ 받침 글자가 있는 낱말을 따라 읽어요.

국자

호박

목도리

폭죽

박수

국수

ㄱ 받침 글자가 쓰인 문장을 천천히 따라 읽어요.

국자로 국수를 떠요.

호박이 뜨거워요.

맛있어서 박수를 쳐요.

'ㄴ' 받침은 은 소리가 나요.

'아'와 'ㄴ'을 합쳐 안 이라고 읽어요.

ㄴ 받침을 써 넣고 천천히 따라 읽어요.

산 사 + 은 산

무 무 + 은 문

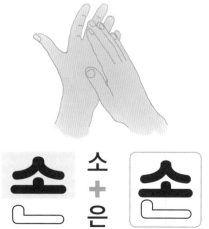

소 소 + 은 손

전 저 + 은 전

126

받침 글자가 있는 낱말을 따라 읽어요.

등산

주문

손목

우산

전기

간판

 받침 글자가 쓰인 문장을 천천히 따라 읽어요.

아버지와 등산을 했어요.

비가 와서 우산을 썼어요.

미끄러져서 손목이 아파요.

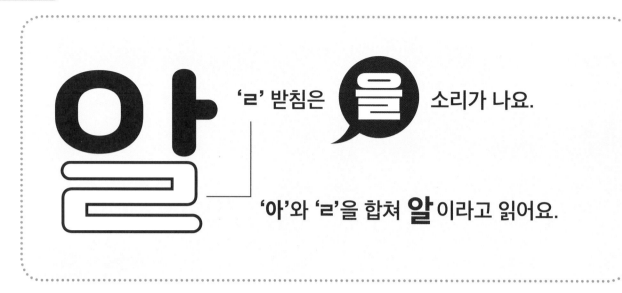

'ㄹ' 받침은 **을** 소리가 나요.

'아'와 'ㄹ'을 합쳐 **알** 이라고 읽어요.

ㄹ 받침을 써 넣고 천천히 따라 읽어요.

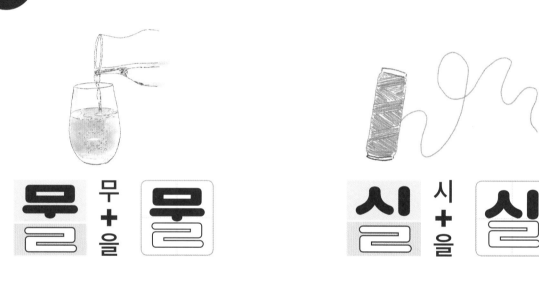

무 + 을 물

시 + 을 실

아버지와 등산을 했어요.
비가 와서 우산을 썼어요.

그 + 을 글

터 + 을 털

128

받침 글자가 있는 낱말을 따라 읽어요.

보물

실수

글자

털실

거울

교실

 받침 글자가 쓰인 문장을 천천히 따라 읽어요.

나의 보물 1호는 털실이에요.

내 방 거울에 걸어 놓고

예쁜 글자로 장식해요.

129

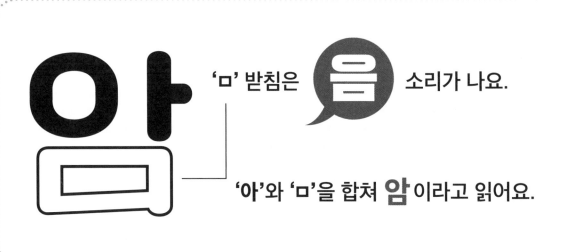

'ㅁ' 받침은 음 소리가 나요.

'아'와 'ㅁ'을 합쳐 암 이라고 읽어요.

ㅁ 받침을 써 넣고 천천히 따라 읽어요.

밤 바+음 밤

잠 자+음 잠

봄 보+음 봄

점 저+음 점

■ 받침 글자가 있는 낱말을 따라 읽어요.

소금

잠자리

밤나무

봄바람

점심

돌봄

■ 받침 글자가 쓰인 문장을 천천히 따라 읽어요.

돌봄 교실에 왔어요.

맛있는 점심을 먹어요.

봄바람에 솔솔 잠이 들어요.

'ㅂ' 받침은 **읍** 소리가 나요.

'아'와 'ㅂ'을 합쳐 **압** 이라고 읽어요.

 받침을 써 넣고 천천히 따라 읽어요.

밥 바+읍 밥

집 지+읍 집

컵 커+읍 컵

입 이+읍 입

132

받침 글자가 있는 낱말을 따라 읽어요.

 김밥   집안일   유리컵

 입술   벌집   입구

 받침 글자가 쓰인 문장을 천천히 따라 읽어요.

김밥을 먹어요.

유리컵에 우유를 따라 마셔요.

입술에 우유가 묻어서 웃어요.

133

‘ㅅ’ 받침은 **읕** 소리가 나요.

‘아’와 ‘ㅅ’을 합쳐 **앗** 이라고 읽어요.

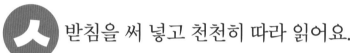

ㅅ 받침을 써 넣고 천천히 따라 읽어요.

잣 자+읕 잣

못 모+읕 못

빗 비+읕 빗

옷 오+읕 옷

받침 글자가 있는 낱말을 따라 읽어요.

연못

잣나무

옷장

빗자루

잠옷

빗방울

 받침 글자가 쓰인 문장을 천천히 따라 읽어요.

연못에 떨어지는 빗방울

마당 가득 떨어진 나뭇잎

빗자루 들고 쓱쓱 쓸어요.

되돌아보며 기억 쏙쏙

빈 곳에 알맞은 받침 글자를 써 넣어 낱말을 완성해요.

(※ 낱말 카드를 활용하세요)

다음 문장을 소리 내어 따라 읽어요.

강아지는 멍멍멍 짖어요.

고양이는 야옹야옹 울어요.

나비는 팔랑팔랑 날아요.

<보기>에 있는 낱말을 넣어 문장을 만들고 써요.

| 〈보기〉 | 잠자리 | 강아지 | 거울 | 소방차 | 가방 |

예) 소방차가 가요.

알맞은 받침을 써서 그림을 나타내는 낱말을 완성해요.

(※ 낱말 카드를 활용하세요)

두 낱말에 공통으로 들어가는 글자를 <보기>에서 찾아 써요.

<보기>   국   산   실   잠   방   공

그림을 보고 〈보기〉의 낱말을 넣어 문장을 만들고 써요.

| 〈보기〉 | 밤 | 절 | 인사 | 차례 | 떡 | 추석 | 집 | 옷 | 전 |

예) 추석에 차례를 지내요.

아기	아버지	바지
다리	이마	치마
어부	두더지	너구리
머리	허리	어머니

①⑮ 바지

① 아버지

①⑱ 아기

①⑯ 치마

①⑱ 이마

① 다리

②⑧ 너구리

②⑨ 두더지

② 어부

②⑧⑱ 어머니

② 허리

②⑪ 머리

두부	우유	바구니
버스	오리	오이
보트	포크	코스모스
트리	그네	모자

❷
바구니

❷❺⓲
우유

❷⓬
두부

❸
오이

❸⓱⓲
오리

❸⓬
버스

❸
코스모스

❸❼
포크

❸⓬
보트

❸⓫
모자

❸❻
그네

❸
트리

야구   야호   이야기

야채   야자수   요리

요요   교사   요구르트

효도   여자   여우

이야기

야호

야구

요리

야자수

야채

요구르트

교사

요요

여우

여자

효도

유튜브　　　벼　　　혀

소녀　　　유리　　　휴지

유아　　　가지　　　거미

구두　　　고구마　　　기차

⑤ 혀

⑤ 벼

⑤ 유튜브

⑤ 휴지

⑤ 유리

⑤ 소녀

⑥ 거미

⑥ 가지

⑤ 유아

⑥ ⑯ 기차

⑥ 고구마

⑥ 구두

카드 커피 스키

코 쿠키 누나

노래 느티나무 바다

디자이너 도토리 기타

스키

커피

카드

누나

쿠키

코

바다

느티나무

노래

기타

도토리

디자이너

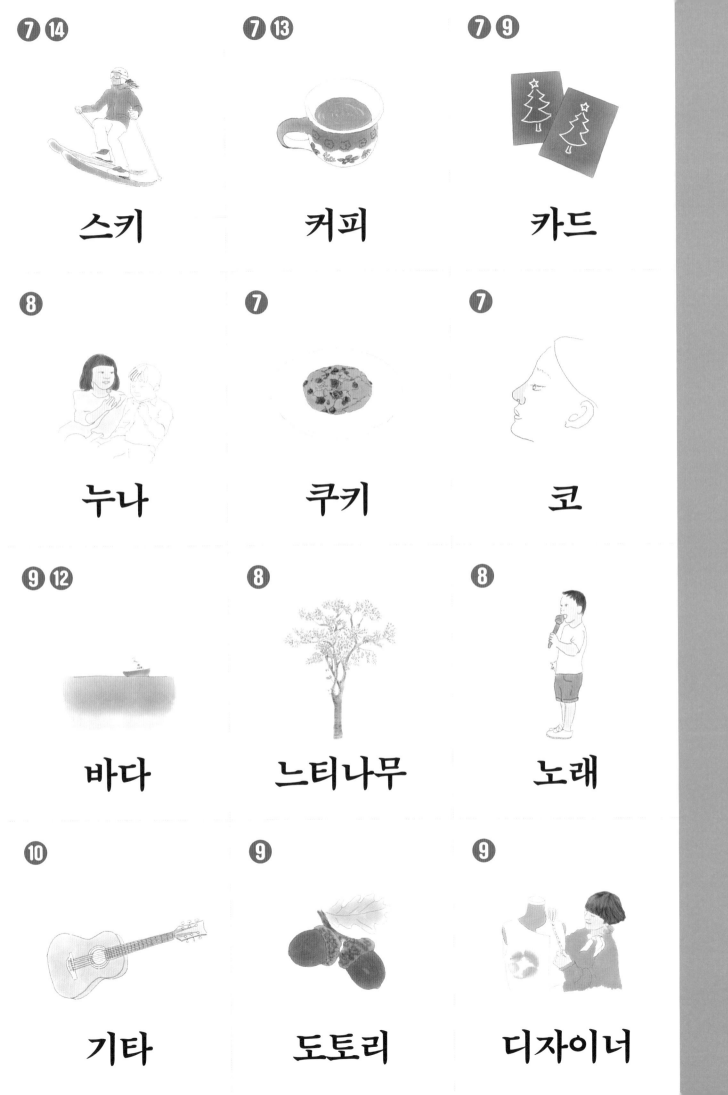

모니터	파티	토마토
투표	아파트	마스크
다리미	무지개	오므 라이스
나비	튜브	파도

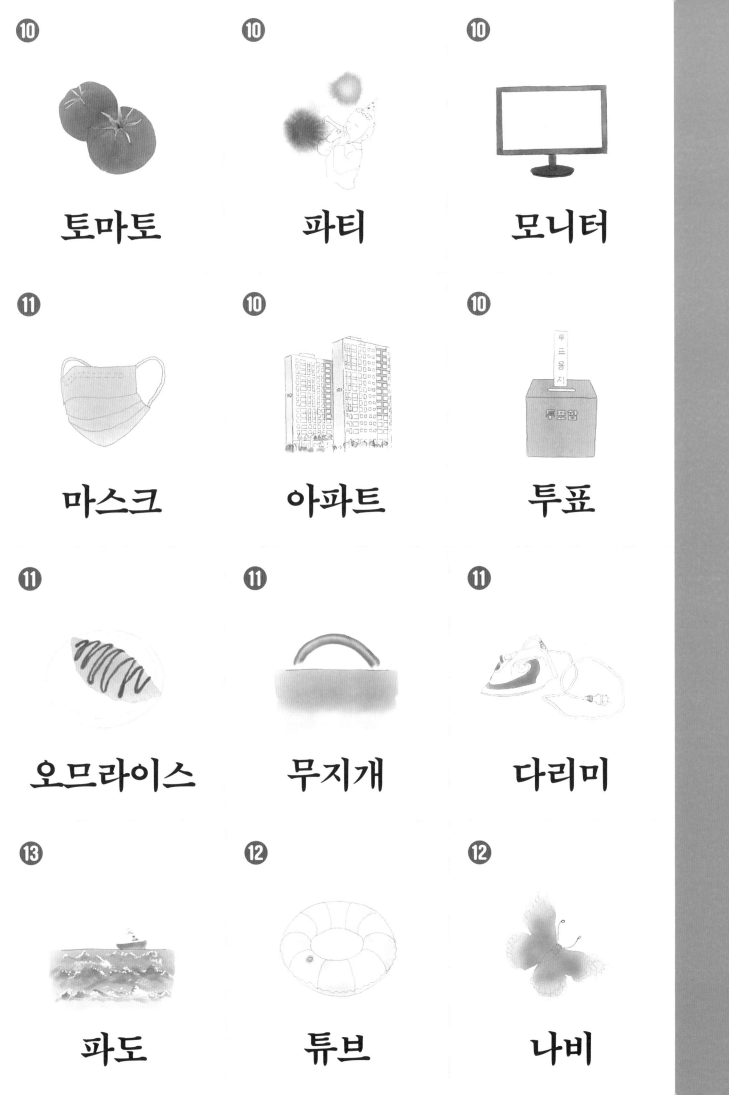

⑩ 토마토	⑩ 파티	⑩ 모니터
⑪ 마스크	⑩ 아파트	⑩ 투표
⑪ 오므라이스	⑪ 무지개	⑪ 다리미
⑬ 파도	⑫ 튜브	⑫ 나비

퍼즐	포도	푸들
테이프	사자	사서
시소	소파	수도
자두	저고리	조개

푸들

포도

퍼즐

사서

사자

테이프

수도

소파

시소

조개

저고리

자두

주머니	치즈	처음
초	고추	스포츠
라디오	기러기	도로
가루	으르렁	하마

⑯ 처음

⑮ 치즈

⑮ 주머니

⑯ 스포츠

⑯ 고추

⑯ 초

⑰ 도로

⑰ 기러기

⑰ 라디오

⑲ 하마

⑱ 으르렁

⑰ 가루

허수아비   히터   호두

오후   흐르다   강

공   방   성

국   박   목

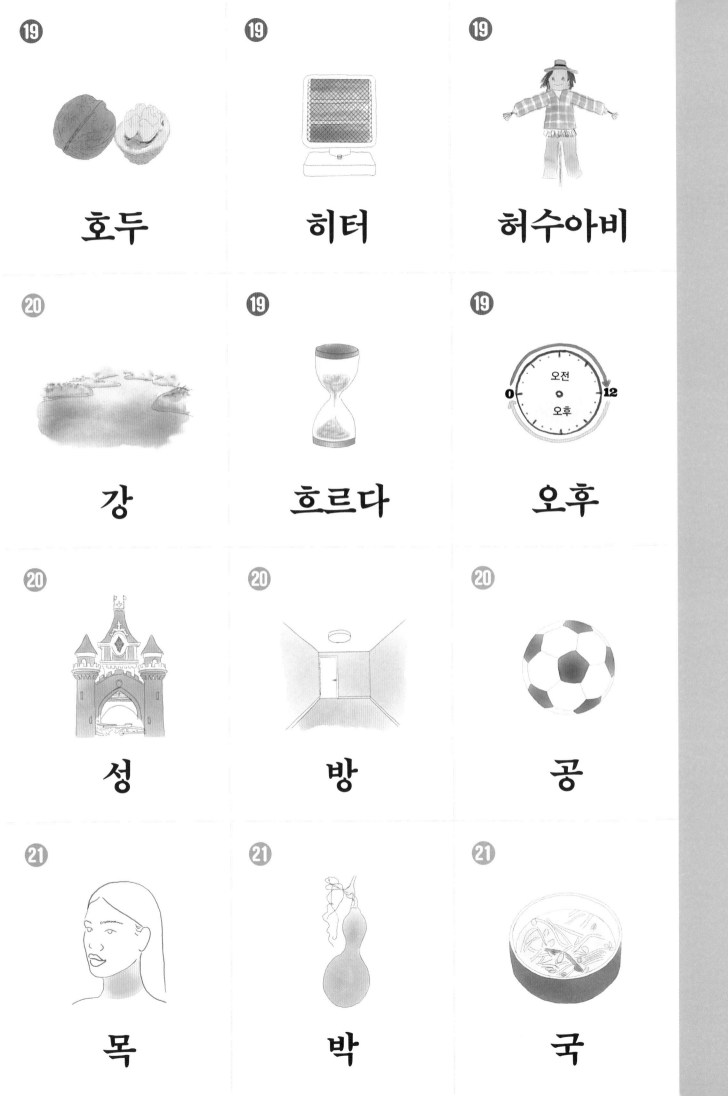

⑲ 호두

⑲ 히터

⑲ 허수아비

⑳ 강

⑲ 흐르다

⑲ 오후

⑳ 성

⑳ 방

⑳ 공

㉑ 목

㉑ 박

㉑ 국

죽	산	문
손	전	물
실	글	털
밤	잠	봄

㉒ 문

㉒ 산

㉑ 죽

㉓ 물

㉒ 전

㉒ 손

㉓ 털

㉓ 글

아버지와 등산을 했어요.
비가 와서 우산을 썼어요.

㉓ 실

㉔ 봄

㉔ 잠

㉔ 밤

점 밥 집

컵 입 잣

못 빗 옷

㉕ 집

㉕ 밥

㉔ 점

㉖ 잣

㉕ 입

㉕ 컵

㉖ 옷

㉖ 빗

㉖ 못